여행 일본어

필요할 때 필통하는

부백, 장한별 저

시사일본어사

머리말

다른 나라로 여행을 떠날 때 그 나라의 언어를 알면 여행의 즐거움은 두 배가 됩니다. 이 책은 일본어를 전혀 몰라도 일본인과 원만한 의사소통이 가능하도록 만들어졌습니다.

그리고 여행 일정 중에 발생할 수 있는 다양한 상황들을 설정하여 이에 대응할 수 있도록 실용적인 예문들을 최대한 많이 소개하였습니다.

또한 〈일본인과 친구되기〉 부분에는 친구로서 일본인을 사귀기 위해 필요한 표현들을 엄선하여 선정하였습니다.

나아가 일본어를 처음 접하는 독자를 위해 일본어로 되어 있는 모든 예문에 한글로 읽기를 표시하였습니다.

일본 여행을 계획하시는 모든분들이 이 책을 통해 일본인과 원만한 의사소통을 할 수 있게 될 뿐만 아니라, 여행 중에 일본인 친구를 만들 수 있게 하는 것이 저자들의 소망입니다.

끝으로 이 책이 일본으로 떠나시는 여러분께 정말로 즐거운 추억을 만들기 위한 길잡이가 되기를 진심으로 기원합니다.

2017년 4월

저자 부백, 장한별

목차

Chapter 01 입국
- 일본 입국 심사를 받을 때 50
- 짐을 찾을 때 52
- 세관 검사를 받을 때 54
- 환전 및 교통편 안내를 받을 때 56

Chapter 02 교통수단
- 택시를 이용할 때 60
- 지하철을 이용할 때 62
- 철도를 이용할 때 64
- 버스를 이용할 때 66
- 렌터카를 이용할 때 68

Chapter 03 숙박
- 방을 예약할 때 72
- 체크인할 때 74
- 체크아웃할 때 78
- 불편사항이 있을 때 80
- 서비스를 요청할 때 82

Chapter 04 식사
- 식당을 선택·예약할 때 86
- 주문이나 요구사항이 있을 때 88
- 계산할 때 92

Chapter 05 쇼핑
- 쇼핑 장소를 물색할 때 96
- 쇼핑할 때 98
- 구입·지불할 때 104

Chapter 06 관광
- 투어버스를 신청할 때 108
- 미술관·박물관을 관람할 때 112
- 관광명소를 방문할 때 114
- 사진촬영을 할 때 116

Chapter 07 레저·초대
- 연극·영화·쇼를 관람할 때 120
- 주점·클럽을 이용할 때 122
- 풀·테니스·골프장을 이용할 때 126
- 일본가정을 방문할 때 128

Chapter 08 전화
- 국제전화를 이용할 때 134

Chapter 09 긴급 상황
- 길을 잃었을 때 138
- 분실했을 때 140
- 도난 · 화재를 당했을 때 142
- 교통사고가 났을 때 146

Chapter 10 질병
- 응급상황을 신고할 때 150
- 진찰을 받을 때 152
- 약국을 이용할 때 158

Chapter 11 귀국
- 항공편을 예약 · 재확인할 때 162
- 항공편 예약을 변경 · 취소할 때 164
- 일본 출국시의 공항 이용 166

Chapter 12 일본인과 친구 되기
- 일본인에게 말 걸기 170
- 자기소개 172
- 학교 · 직장 소개 174
- 연락처 교환 176
- 인사말 178
- 날씨 표현 180
- 감사와 인사 182
- 긍정 · 부정과 잘 모를 때 184
- 칭찬할 때 186
- 성격에 대해서 188
- 취미에 대해서 190
- 이성교제에 대해서 192
- 기념 촬영하기 194
- 같이 시간을 즐기기 196
- 같이 노래빙 가기 198
- 헤어질 때 200
- 선물을 주고받을 때 202

Chapter 13 숫자 · 때에 관한 표현
- 수에 관한 표현 206
- 때에 관한 표현 212

부록
- 일본 여행 필수 단어 500 218

이 책의 사용법

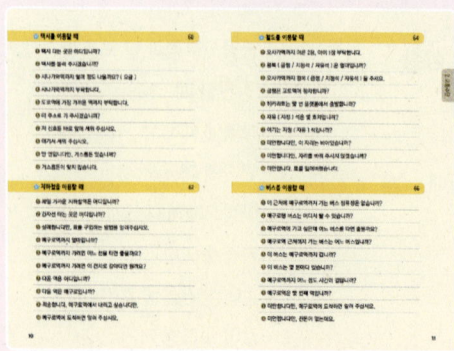

● **필요한 상황을 바로 찾을 수 있는 인덱스**

여행에서 필요한 일본어 회화문을 바로 찾아서 말할 수 있도록 상황별로 나누어 총 60가지 장면의 회화문을 수록, 인덱스를 책의 앞쪽에 배치하여 필요한 표현을 빠르게 찾을 수 있습니다.

● **입에서 바로 튀어나오는 일본어 표현**

왼쪽 페이지는 한글 문장, 오른쪽 페이지는 일본어 문장을 배치하여 필요한 문장을 쉽게 찾아서 바로 말할 수 있습니다.

① 오사케오 노미스기마시타
お酒を 飲みすぎました。

② 게리오 시테이마스
下痢を しています。

③ 하키케가 시마스
吐き気が します。

④ 쇼쿠요쿠가 아리마셍
食欲が ありません。

● 필요한 일본어 음성은 빠르게 찾자!

각 페이지에 QR코드를 삽입하여 필요한 음성을 바로 찾아 들을 수 있습니다.

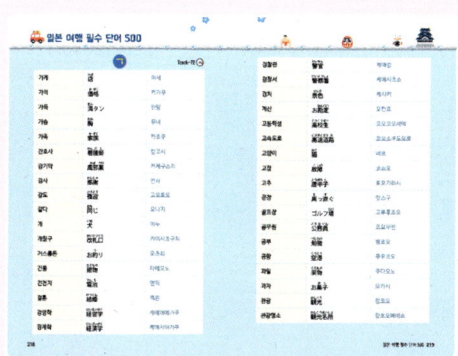

● 빠르게 찾아 쓰는 여행 필수 단어

여행 상황에서 필요한 필수단어 500개를 긴급한 상황에도 빠르게 찾아서 사용할 수 있도록 가나다 순으로 정리해서 수록했습니다.

7

🌸 일본 입국 심사를 받을 때 50

❶ 관광 목적으로 왔습니다.

❷ 업무 차 왔습니다.

❸ 3일간 머무를 예정입니다.

❹ 한국의 회사에서 근무하고 있습니다.

❺ 학생〔 주부 〕입니다.

❻ 도쿄의 로얄 호텔에서 머무릅니다,

❼ 시나가와의 친척 집에 묵을 겁니다.

❽ 지금부터 호텔을 정할 예정입니다.

❾ 소지금은 일본돈 10만 엔을 갖고 있습니다.

❿ 네. 여기입니다.

🌸 짐을 찾을 때 52

❶ ○○항공 ○○편 수하물 찾는 곳은 어디입니까?

❷ 실례합니다만, 그것은 내 짐입니다만.

❸ 실례합니다. 짐이 보이지 않습니다.

❹ 내 짐이 도착하지 않았습니다.

❺ ○○항공 ○○편입니다.

❻ 짐 찾는 것을 도와주시겠습니까?

❼ 누군가 한국어를 할 수 있는 분은 안 계십니까?

❽ 짐은 트렁크와 가방입니다.

❾ 이것이 보관증입니다.

❿ 이 연락처로 부탁드립니다.

🌸 세관 검사를 받을 때 54

❶ 신고할 것은 아무것도 없습니다.

❷ 신고할 것은 이것입니다.

❸ 이것은 30만 엔 정도이고 이것이 영수증입니다.

❹ 담배 1보루와 술 2병을 갖고 있습니다.

❺ 이 가방 안에 있는 것은 일용품과 선물입니다.

❻ 이것은 친구에게 줄 선물입니다. 만년필입니다.

❼ 이 반지 (팔찌) 는 평소 쓰고 있는 것입니다.

❽ 이 목걸이는 평소 쓰고 있는 것입니다.

❾ 구입한 지 벌써 1 (2 / 3) 년 됩니다.

❿ 여기에 흠집도 있습니다.

🌸 환전 및 교통편 안내를 받을 때 56

❶ 은행은 어디입니까?

❷ 환전 부탁합니다.

❸ 만 엔 지폐 10장과 오천 엔 지폐 10장, 천 엔 지폐를 20장 부탁합니다.

❹ 이 이천 엔도 적당히 잔돈으로 주십시오.

❺ 리무진버스 (스카이라이너) 를 타는 곳은 어디입니까?

❻ 실례합니다만, 우에노 (시나가와) 까지 가는 표는 어떻게 사야 합니까?

❼ 우에노 (시나가와) 까지의 표는 얼마입니까?

❽ 우에노 (시나가와) 행 표를 1장 주십시오.

❾ 우에노 (시나가와) 행은 몇 시에 출발합니까?

❿ 우에노 (시나가와) 역에 몇 시에 도착합니까?

✿ 택시를 이용할 때 60

❶ 택시 타는 곳은 어디입니까?

❷ 택시를 불러 주시겠습니까?

❸ 시나가와역까지 얼마 정도 나올까요? (요금)

❹ 시나가와역까지 부탁합니다.

❺ 도쿄역에 가장 가까운 역까지 부탁합니다.

❻ 이 주소로 가 주시겠습니까?

❼ 저 신호등 바로 앞에 세워 주십시오.

❽ 여기서 세워 주십시오.

❾ 만 엔입니다만, 거스름돈 있습니까?

❿ 거스름돈이 맞지 않습니다.

✿ 지하철을 이용할 때 62

❶ 제일 가까운 지하철역은 어디입니까?

❷ 긴자선 타는 곳은 어디입니까?

❸ 실례합니다만, 표를 구입하는 방법을 알려주십시오.

❹ 메구로역까지 얼마입니까?

❺ 메구로역까지 가려면 어느 선을 타면 좋을까요?

❻ 메구로역까지 가려면 이 전차로 갈아타면 될까요?

❼ 다음 역은 어디입니까?

❽ 다음 역은 메구로입니까?

❾ 죄송합니다. 메구로역에서 내리고 싶습니다만.

❿ 메구로역에 도착하면 알려 주십시오.

🌸 철도를 이용할 때　　　　　　　　　　　　　64

① 오사카역까지 어른 2장, 아이 1장 부탁합니다.

② 왕복 〔 급행 / 지정석 / 자유석 〕은 얼마입니까?

③ 오사카역까지 왕복 〔 급행 / 지정석 / 자유석 〕을 주세요.

④ 급행은 교토역에 정차합니까?

⑤ 히카리호는 몇 번 플랫폼에서 출발합니까?

⑥ 자유 〔 지정 〕석은 몇 호차입니까?

⑦ 여기는 지정 〔 자유 〕석입니까?

⑧ 미안합니다만, 이 자리는 비어있습니까?

⑨ 미안합니다만, 자리를 바꿔 주시지 않겠습니까?

⑩ 미안합니다. 표를 잃어버렸습니다.

🌸 버스를 이용할 때　　　　　　　　　　　　　66

① 이 근처에 메구로역까지 가는 버스 정류장은 없습니까?

② 메구로행 버스는 어디서 탈 수 있습니까?

③ 메구로역에 가고 싶은데 어느 버스를 타면 좋을까요?

④ 메구로역 근처까지 가는 버스는 어느 버스입니까?

⑤ 이 버스는 메구로역까지 갑니까?

⑥ 이 버스는 몇 분마다 있습니까?

⑦ 메구로역까지 어느 정도 시간이 걸립니까?

⑧ 메구로역은 몇 번째 역입니까?

⑨ 미안합니다만, 메구로역에 도착하면 알려 주십시오.

⑩ 미안합니다만, 잔돈이 없는데요.

🌸 렌터카를 이용할 때   68

❶ 렌터카를 빌리고 싶습니다만.

❷ 이것이 나의 국제 면허증입니다.

❸ 요금표〔자동차의 카달로그〕를 보여주십시오.

❹ 이 차로 부탁합니다.

❺ 보험에 들어 있습니까?

❻ 휘발유 값은 별도 계산입니까?

❼ 차를 도착지에 두고 가는 요금은 얼마입니까?

❽ 사고가 났을 경우 연락처를 알려 주십시오.

❾ 외국어〔한국어〕판의 네비게이션은 있습니까?

❿ 이틀간 빌리고 싶습니다만.

✿ 방을 예약할 때　　　　　　　　　　72

① 관광안내소는 어디입니까?

② 여기서 호텔 예약이 가능합니까?

③ 싸고 깨끗한 호텔을 소개해 주십시오.

④ 1박에 팔천 엔 이하의 방이었으면 합니다.

⑤ 유스호스텔〔민박〕을 예약하고 싶습니다만.

⑥ 우에노역〔공항〕근처가 좋은데요.

⑦ 좀 더 싼 호텔〔방〕은 없습니까?

⑧ 1인 1박에 얼마입니까?

⑨ 역에서 걸어서 몇 분 걸립니까?

⑩ 그러면 그 방을 일주일간 예약해 주십시오.

✿ 체크인할 때 1　　　　　　　　　　74

① 저의 이름은 홍길동입니다.

② 한국 서울에서 예약했습니다.

③ 나리타공항〔관광안내소〕에서 예약했습니다.

④ 예약금을 지불했습니다.

⑤ 싱글룸〔트윈룸 / 더블룸〕을 부탁합니다.

⑥ 1박 요금은 얼마입니까?

⑦ 서비스료〔세금〕가 포함된 요금입니까?

⑧ 이것은 아침식사가 포함된 요금입니까?

⑨ 아침식사는 예약이 필요합니까?

⑩ 좀 더 싼 방은 없습니까?

✿ 체크인할 때 2　　　　　　　　　　　　　　　　76

① 조용한 방을 부탁합니다.

② 경치가 좋은 방을 부탁합니다.

③ 좀 더 큰 방은 없습니까?

④ 방을 보여 주지 않겠습니까?

⑤ 숙박카드를 쓰는 법을 알려 주십시오.

⑥ 이 귀중품을 맡아 주십시오.

⑦ 짐을 방까지 옮겨 주시겠습니까?

⑧ 한국어로 된 호텔 안내책자는 있습니까?

⑨ 흡연실〔금연실〕로 부탁합니다.

⑩ 사우나〔온천〕는 몇 시부터 몇 시까지입니까?

✿ 체크아웃할 때　　　　　　　　　　　　　　　　78

① 지금부터 체크아웃하고 싶은데요.

② 체크아웃은 몇 시까지입니까?

③ 체크아웃을 30분 정도 연장해 주시지 않겠습니까?

④ 1박 더 하고 싶은데요.

⑤ 예정보다 하루 일찍 체크아웃 하겠습니다.

⑥ 명세서의 내용을 설명해 주십시오.

⑦ 귀중품을 맡겨 두었습니다만.

⑧ 포터를 보내 주시겠습니까?

⑨ 택시를 불러 주시겠습니까?

⑩ 리무진버스는 어디에서 탑니까?

✿ 불편사항이 있을 때　　　　　　　　　　　80

❶ 미안합니다만, 방이 마음에 들지 않는데 바꿔주시겠습니까?

❷ 이 방의 전압은 몇 볼트입니까?

❸ 문 열쇠가 망가져 있습니다.

❹ 에어컨 (히터) 이 고장 난 것 같습니다만.

❺ 방을 좀 더 따뜻하게 (서늘하게) 해 주십시오.

❻ 샤워기에서 더운 물이 나오지 않습니다.

❼ 방 (욕실) 의 불이 안 켜집니다.

❽ 텔레비전 (스탠드) 이 고장 나 있습니다.

❾ 화장실 물이 나오지 않습니다 (멈추지 않습니다).

❿ 수건 (비누) 이 없습니다.

✿ 서비스를 요청할 때　　　　　　　　　　　82

❶ 102호실입니다만, 나에게 메시지는 없었습니까?

❷ 샌드위치와 토마토주스를 부탁합니다.

❸ 얼음과 물을 가져와 주십시오.

❹ 방에서 아침식사를 하고 싶습니다만.

❺ 아침 6시 반에 모닝콜을 부탁합니다.

❻ 담요 (목욕수건) 를 한 장 더 부탁합니다.

❼ 클리닝 (다림질) 을 부탁하고 싶은데요.

❽ 복사 (팩스) 서비스는 있습니까?

❾ 호텔 근처에 식당가는 없습니까?

❿ 방 청소를 부탁합니다.

🌸 식당을 선택 · 예약할 때   86

① 이 근처에 식사할 수 있는 곳은 있습니까?

② 싸고 맛있는 식당을 소개해 주십시오.

③ 이 근처에서 너무 비싸지 않은 레스토랑은 없습니까?

④ 분위기 좋은 레스토랑을 소개해 주십시오.

⑤ 이 근처에 일본 〔 한국 〕 음식점은 있습니까?

⑥ 또 다른 식당은 없습니까?

⑦ 오늘밤 〔 내일 밤 〕 7시에 예약하고 싶습니다만.

⑧ 2명 〔 3명 〕 입니다.

⑨ 오늘밤 7시에 예약한 '홍' 입니다만, 30분 정도 늦겠습니다.

⑩ 오늘밤 7시 예약을 취소해 주십시오.

🌸 주문이나 요구사항이 있을 때 1   88

① 미안합니다. 주문 부탁합니다.

② 메뉴를 보고 싶습니다만.

③ 이것은 어떤 요리입니까?

④ 이 식당의 〔 오늘의 〕 추천 요리는 무엇입니까?

⑤ 가장 빨리 되는 요리는 무엇입니까?

⑥ 돼지 〔 닭 / 소 〕 고기가 들어가지 않은 요리는 어느 것입니까?

⑦ 이것 〔 그것 〕 을 부탁합니다.

⑧ 700엔 정식 〔 런치 세트 〕 을 부탁합니다.

⑨ 〔 레어 / 미디움 / 웰던 〕 으로 부탁합니다.

⑩ 계란프라이 〔 계란 스크램블 / 삶은 계란 〕 로 해 주세요.

❈ 주문이나 요구사항이 있을 때 2

❶ 디저트는 무엇이 있습니까?

❷ 미안합니다. 주문을 변경하고 싶습니다만.

❸ 이것은 주문하지 않았습니다.

❹ 젓가락〔포크 / 나이프 / 물수건〕을 주시겠습니까?

❺ 물〔소금 / 후추 / 간장〕을 주시겠습니까?

❻ 커피를 두 잔 주십시오.

❼ 맥주 한 병과 컵 2개 부탁합니다.

❽ 위스키〔칵테일〕를 한 잔 주십시오.

❾ 샐러드가 아직 안 나왔습니다.

❿ 내가 주문한 요리는 아직 더 기다려야 합니까?

❈ 계산할 때

❶ 실례합니다. 계산서를 부탁합니다.

❷ 계산은 여기서 지불하는 것입니까?

❸ 그렇지 않으면 카운터에서 계산합니까?

❹ 얼마입니까?

❺ 이 카드는 사용할 수 있습니까?

❻ 이 가게는 서비스료〔세금〕를 받습니까?

❼ 이것은 계산이 틀리지 않습니까?

❽ 계산서 내용을 설명해 주시겠습니까?

❾ 더치 페이 하고 싶습니다만.

❿ 간이영수증이 아닌 정식 영수증을 주시겠습니까?

✿ 쇼핑 장소를 물색할 때　　　　　　　　　96

❶ 이 근처에 상가는 없습니까?

❷ 이 근처에 슈퍼는 없습니까?

❸ 이 근처에 편의점은 없습니까?

❹ 이 마을의 공예품을 살 수 있는 상점을 알려 주십시오.

❺ 이 마을의 특산물을 살 수 있는 상점을 알려 주십시오.

❻ 이 근처에 좋은 물건을 싸게 살 수 있는 가게는 없습니까?

❼ 이 근처에 카메라가 싼 가게는 없습니까?

❽ 이 근처에 시계가 싼 가게는 없습니까?

❾ 이 근처에 할인매장은 없습니까?

❿ 미안합니다만, 지도를 그려 주시지 않겠습니까?

✿ 쇼핑할 때 1　　　　　　　　　98

❶ ○○○ 을 파는 곳은 어디입니까?

❷ 이곳은 ○○○ 을 판매하고 있습니까?

❸ ○○○ 을 보고 싶습니다만.

❹ 그냥 보고 있는 것입니다.

❺ 이것 [그것 / 저것] 을 보여 주시겠습니까?

❻ 만져 봐도 됩니까?

❼ 이 상품 [제품] 은 이것이 전부입니까?

❽ 다른 디자인은 없습니까?

❾ 다른 것도 보여 주십시오.

❿ 다른 메이커의 것도 보여 주십시오.

🌸 쇼핑할 때 2

❶ 좀 더 비싼〔싼〕것을 보여 주십시오.

❷ 이것은 최신형입니까?

❸ 이것은 일제입니까?

❹ 이것은 진짜〔오리지널〕입니까?

❺ 이것은 금입니까? 도금입니까?

❻ 이것은 어느 나라〔메이커〕것입니까?

❼ 한국에서도 애프터 서비스를 받을 수 있습니까?

❽ 입어 봐도 됩니까?

❾ 사이즈를 재 주시겠습니까?

❿ 더 화려〔수수〕한 색은 없습니까?

🌸 쇼핑할 때 3

❶ 다른 색〔타입〕은 없습니까?

❷ 더 큰〔작은〕것은 없습니까?

❸ 너무 커〔작아〕요.

❹ 너무 길어〔짧아〕요

❺ 너무 꽉 껴〔헐렁해〕요.

❻ 딱 알맞습니다.

❼ 예산이 조금 모자랍니다.

❽ 조금 깎아 주시겠습니까?

❾ 특가품 전단지는 없습니까?

❿ 엘리베이터〔에스컬레이터〕는 어디입니까?

🌸 구입·지불할 때　　　　　　　　　　　　104

❶ 그러면 이것〔그것〕을 주십시오. 얼마입니까?

❷ 이 카드로 해 주시겠습니까?

❸ 예쁘게〔선물용으로〕포장해 주십시오.

❹ 따로따로 포장해 주십시오.

❺ 리본도 달아 주십시오.

❻ 〔큰〕 쇼핑백에 넣어 주십시오.

❼ 이 주소로 보내 주시겠습니까?

❽ 한국까지 보내 줄 수 있습니까?

❾ 거스름돈을 아직 받지 못했습니다.

❿ 계산이 틀리지 않습니까?

투어버스를 신청할 때 1　　　　　　　　　　　　　108

❶ 관광안내소는 어디입니까?

❷ 한국어로 된 관광안내서가 있습니까?

❸ 한국어로 된 마을 지도가 있습니까?

❹ 관광투어에는 어떤 코스가 있습니까?

❺ 시내 관광투어는 있습니까?

❻ ○○○를 도는 투어는 있습니까?

❼ 반나절〔밤〕투어는 있습니까?

❽ 오전〔오후〕투어는 있습니까?

❾ 몇 시간 정도 걸리는 투어입니까?

❿ 대체로 어떤 곳을 구경합니까?

투어버스를 신청할 때 2　　　　　　　　　　　　　110

❶ 그밖에는 어떤 투어가 있습니까?

❷ 설명이 한국어로 된 투어는 있습니까?

❸ 설명이 영어로 된 투어는 있습니까?

❹ 버스는 몇 시에 출발합니까?

❺ 버스는 어디에서 출발합니까?

❻ 몇 시에 돌아옵니까?

❼ 이〔그〕코스는 얼마입니까?

❽ 여기서 예약할 수 있습니까?

❾ 식사요금은 포함되어 있습니까?

❿ 포함되어 있지 않은 것은 어떤 요금입니까?

🌸 미술관 · 박물관을 관람할 때　　112

❶ 어떤 것을 전시하고 있습니까?

❷ 영어 〔 한국어 〕 안내서는 있습니까?

❸ 어른 〔 어린이 〕 요금은 얼마입니까?

❹ 전부 관람하는 데 시간이 어느 정도 걸립니까?

❺ 폐관 시간은 몇 시입니까?

❻ 훌륭하 〔 멋있 〕 군요.

❼ 어느 시대의 작품입니까?

❽ 이 작가는 누구입니까?

❾ 이 설명에는 어떤 내용이 쓰여 있습니까?

❿ 이곳은 사진 촬영 금지 입니까?

🌸 관광 명소를 방문할 때　　114

❶ 이 건물은 어느 시대 것입니까?

❷ 이것 〔 여기 〕에 대해 설명해 주시지 않겠습니까?

❸ 여기 볼 만한 곳을 알려 주십시오.

❹ 이 앞쪽에는 무엇이 있습니까?

❺ 유람선 〔 케이블카 〕 타는 곳은 어디입니까?

❻ 근처에 커피숍 〔 식당 〕 은 없습니까?

❼ 토산품점은 어디입니까?

❽ 화장실은 어디입니까?

❾ 버스는 몇 시에 옵니까?

❿ 몇 시까지 집합하면 됩니까?

사진촬영을 할 때

❶ 여기에서 사진을 찍어도 됩니까?

❷ 플래시를 사용해도 됩니까?

❸ 이곳〔관내〕에서의 촬영은 금지입니까?

❹ 미안합니다만, 사진을 찍어 주시지 않겠습니까?

❺ 여기를 누르기만 하면 됩니다. 부탁합니다.

❻ 미안합니다. 1장 더 부탁합니다.

❼ 대단히 감사합니다.

❽ 괜찮으시다면 함께 찍지 않겠습니까?

❾ 사진이 나오면 보내 드리겠습니다.

❿ 여기에 이름과 주소를 써 주시지 않겠습니까?

❀ 연극 · 영화 · 쇼를 관람할 때　　　　　　　　　120

① 전통예능 〔 일본영화 / 이 쇼 〕 이 보고 싶습니다만.

② 안내소 등이 있습니까?

③ 여기서 예약할 수 있습니까?

④ 표는 어디서 사면 됩니까?

⑤ 어디서 상영 〔 상연 〕 하고 있습니까?

⑥ 무엇을 상영 〔 상연 〕 하고 있습니까?

⑦ 몇 시부터 시작됩니까?

⑧ 몇 시에 끝납니까?

⑨ 다음 공연은 몇 시부터입니까?

⑩ 이 좌석은 어디입니까?

❀ 주점 · 클럽을 이용할 때 1　　　　　　　　　122

① 이 근처에 클럽 〔 번화가 〕 이 있습니까?

② 입장료는 얼마입니까?

③ 음료 〔 음식 〕 값은 별도입니까?

④ 실례합니다만, 함께 춤추지 않겠습니까?

⑤ 싸고 맛있게 마실 수 있는 가게를 알려 주십시오.

⑥ 이 근처에 이자카야 〔 닭꼬치구이 가게 〕 는 없습니까?

⑦ 이 호텔에는 나이트클럽 〔 바 〕 이 있습니까?

⑧ 요금표를 보여 주십시오.

⑨ 사진이 있는 메뉴는 없습니까?

⑩ 이것과 이것과 이것을 주십시오.

주점 · 클럽을 이용할 때 2 124

❶ 이 일본 전통주을 한 병 주십시오.

❷ 이 맥주를 두 병 주십시오.

❸ 이 소주를 한 병 주십시오.

❹ 이 위스키를 한 병 주십시오.

❺ 이 일본 전통주를 한 잔 주십시오.

❻ 이 소주를 한 잔 주십시오.

❼ 이 탄산 소주를 한 잔 주십시오.

❽ 물에 희석한 위스키를 한 잔 주십시오.

❾ 위스키를 스트레이트로 한 잔 주십시오.

❿ 이 칵테일을 한 잔 주십시오.

풀 · 테니스 · 골프장을 이용할 때 126

❶ 이 호텔에 골프〔테니스 / 수영장〕시설은 있습니까?

❷ 이 근처에 골프〔테니스 / 수영장〕시설은 있습니까?

❸ 골프〔테니스 / 수영장〕의 요금은 얼마입니까?

❹ 한국어〔영어〕로 된 안내서는 있습니까?

❺ 여기서 예약할 수 있습니까?

❻ 골프채〔라켓〕도 빌릴 수 있습니까?

❼ 신발〔수영복〕도 빌릴 수 있습니까?

❽ 그 외에 어떤 스포츠 시설이 있습니까?

❾ 그곳은 여기서 가깝습니까?

❿ 그곳은 여기서 어떻게 가면 됩니까?

❁ 일본 가정을 방문할 때 1   128

❶ 오래간만입니다.

❷ 초대해 주셔서 정말 감사합니다.

❸ 이것은 변변치 않습니다만, 한국에서 가져온 선물입니다. 받으십시오.

❹ 좋은 집이군요.

❺ 아주 멋있는 정원〔 방 〕이군요.

❻ 아주 멋있는 그림〔 가구 〕이군요.

❼ 아주 멋있는 장식품〔 족자 〕이군요.

❽ 와! 매우 맛있어 보이는 요리군요.

❾ 그럼 잘 먹겠습니다.

❿ 이것은 무슨 요리입니까? 매우 맛있군요.

❁ 일본 가정을 방문할 때 2   130

❶ 더 주시겠습니까?

❷ 맛있게 잘 먹었습니다.

❸ 매우 맛있는 차군요.

❹ 매우 맛있는 과자군요.

❺ 이제 그만 가보겠습니다.

❻ 대단히 신세 많이 졌습니다.

❼ 정말로 즐거운 시간이었습니다.

❽ 서울에 오시면 부디 우리 집에도 들러 주십시오.

❾ 더욱 더 일본어를 공부해 두겠습니다.

❿ 한국에 돌아가면 감사의 편지를 보내 드리겠습니다.

🌸 국제 전화를 이용할 때 ♪ 134

❶ ▷ 한국의 서울에 국제전화를 걸고 싶습니다만.

❷ ▶ 이름과 방 번호를 말씀해 주십시오.

❸ ▷ ○○○라고 합니다. 100호실입니다.

❹ ▶ 몇 번에 거실 겁니까?

❺ ▶ 연결하겠습니다. 말씀하십시오.

❻ ▶ 통화중입니다. / 받지 않습니다.

❼ ▷ 그러면, 나중에 또 걸겠습니다.

❽ ▷ 좀 더 천천히 말씀해 주십시오.

❾ 국제전화를 할 수 있는 공중전화는 어디에 있습니까?

❿ 이 전화기로 국제전화를 걸 수 있습니까?

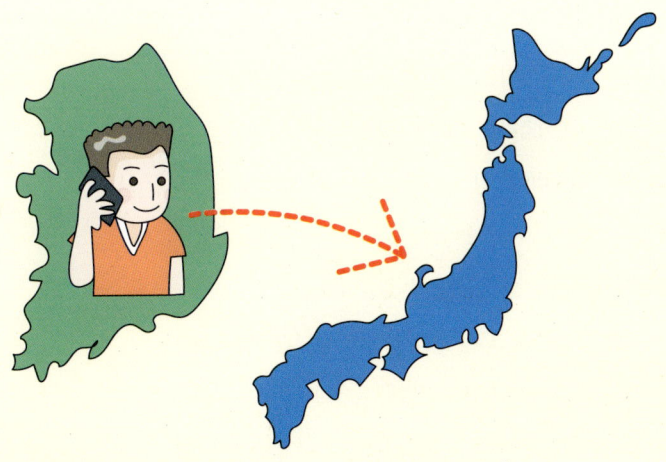

❄ 길을 잃었을 때   138

❶ 실례합니다. 이 근처에 파출소는 없습니까?

❷ 실례합니다. 길을 잃어버렸습니다만.

❸ 실례합니다만, 오오야마 여관은 어떻게 가면 됩니까?

❹ 정말 대단히 죄송합니다만.

❺ 영어나 한자를 써서 약도를 그려 주시지 않겠습니까?

❻ 근처까지 안내해 주시겠습니까?

❼ 아시는 곳까지 안내해 주시겠습니까?

❽ 실례합니다만, 우에노는 이쪽 방향입니까?

❾ 이 길로 곧장 가면 우에노역이 나옵니까?

❿ 우에노역까지 여기서부터 걸어서 몇 분 정도입니까?

❄ 분실했을 때   140

❶ 여권〔지갑〕을 잃어버렸습니다.

❷ 경찰서〔한국영사관〕에 연락하고 싶습니다만.

❸ 경찰서〔한국영사관〕는 어디에 있습니까?

❹ 어디서 잃어버렸는지 모르겠습니다.

❺ 택시 안에 두고 내렸습니다.

❻ 아마 어딘가에 떨어뜨렸던 것 같습니다.

❼ 아마 어딘가에서 소매치기 당한 것이 아닌가 생각됩니다.

❽ 분실〔도난〕증명서를 작성하고 싶습니다만.

❾ 입국 확인서를 작성하고 싶습니다만.

❿ 찾으시면 여기 메모한 곳으로 연락해 주십시오.

❀ 도난 · 화재를 당했을 때 1　　　　　　　　142

❶ 화재입니다.

❷ 도둑입니다.

❸ 소매치기입니다.

❹ 날치기입니다.

❺ 누군가 도와주십시오.

❻ 저 녀석을 잡아 주십시오.

❼ 여보세요. 프런트입니까?

❽ 도둑이 들었습니다. 경찰을 불러 주십시오.

❾ 화재가 났습니다. 소방차를 불러 주십시오.

❿ 소화기는 어디있습니까?

❀ 도난 · 화재를 당했을 때 2　　　　　　　　144

❶ 비상구는 어디입니까?

❷ 가장 가까운 경찰서까지 데려가 주십시오.

❸ 지갑을 도둑맞았습니다.

❹ 여권을 도둑맞았습니다.

❺ 가방을 날치기 당했습니다.

❻ 어떤 녀석인지 잘 기억이 안 납니다.

❼ 목격자로서 증언해 주십시오.

❽ 목격자로서 함께 와 주십시오.

❾ 대사관에 연락해 주십시오.

❿ 한국어 할 수 있는 분을 불러 주십시오.

✿ 교통사고가 났을 때

❶ 교통사고를 당했습니다. 경찰을 불러 주십시오.

❷ 〔누가〕구급차를 좀 불러 주십시오.

❸ 일본어를 못합니다. 경찰을 불러 주십시오.

❹ 한국어가 가능한 통역을 붙여 주십시오.

❺ 나에게는 잘못이 없습니다.

❻ 내 책임〔과실〕이 아닙니다.

❼ 대사〔영사〕관에 연락해 주십시오.

❽ 여기〔이 사람〕에 연락해 주시겠습니까?

❾ 차가 펑크 났습니다.

❿ 차가 고장이 나서 움직이지 않습니다.

✿ 응급상황을 신고할 때   150

① 여보세요, 프런트입니까? 몸 상태가 좋지 않습니다.

② 배가 몹시 아픕니다.

③ 머리가 몹시 아픕니다.

④ 이가 몹시 아픕니다.

⑤ 상처가 났습니다.

⑥ 상처가 나서, 피가 멈추지 않습니다.

⑦ 응급차를 불러 주십시오.

⑧ 빨리 의사를 불러 주십시오.

⑨ 병원에 데려가 주십시오.

⑩ 한국어로 소통이 가능한 병원으로 데려가 주십시오.

✿ 진찰을 받을 때 1   152

① 과음했습니다.

② 설사를 하고 있습니다.

③ 구역질이 납니다.

④ 식욕이 없습니다.

⑤ 식중독이라고 생각합니다.

⑥ 감기가 들었습니다.

⑦ 한기가 듭니다.

⑧ 열이 있습니다.

⑨ 머리가 몹시 아픕니다.

⑩ 기침이 멈추지 않습니다.

❁ 진찰을 받을 때 2　　　　　　　　　　　　154

❶ 목이 아픕니다.

❷ 코가 막힙니다.

❸ 몸이 몹시 나른합니다.

❹ 여기를 세게 부딪혔습니다.

❺ 여기가 몹시 아픕니다.

❻ 가슴이 아픕니다.

❼ 숨이 막히고 답답한 느낌입니다.

❽ 가래에 피가 섞여 있었습니다.

❾ 오줌에 피가 섞여 있었습니다.

❿ 혈액형은 (A / AB / O) 형입니다.

❁ 진찰을 받을 때 3　　　　　　　　　　　　156

❶ 알레르기가 있습니다.

❷ 페니실린 알레르기를 일으킵니다.

❸ 고 (저) 혈압입니다.

❹ 당뇨병의 조짐이 있습니다.

❺ 곧 나을 수 있습니까?

❻ 여행을 계속해도 괜찮습니까?

❼ 입원하지 않으면 안 됩니까?

❽ 어느 정도 입원을 하지 않으면 안 됩니까?

❾ 진단서를 작성해 주십시오.

❿ 영수증을 주십시오.

약국을 이용할 때

① 잘 듣는 감기약을 주십시오.

② 비피린계 감기약은 있습니까?

③ 페니실린 알레르기가 있습니다만.

④ 잘 듣는 두통약〔상처약〕을 주십시오.

⑤ 치통약을 주십시오.

⑥ 생리대〔설사약〕를 주십시오.

⑦ 타박상이나 삔 데 잘 듣는 약을 주십시오.

⑧ 결막염에 잘 듣는 안약은 없습니까?

⑨ 비타민제를 주십시오.

⑩ 피로 회복에 잘 듣는 드링크를 주십시오.

🌸 항공편을 예약 · 재확인할 때　　　　　　　　　　162

❶ ○○ 부터 ○○ 으로 가는 항공편을 예약하고 싶습니다만.

❷ 5월 10일 오전 〔 오후 〕 항공편은 있습니까?

❸ 이름은 ○○○ 입니다. 스펠링은 ○○○ 입니다.

❹ 로알호텔 ○○ 호실에 묵고 있습니다.

❺ 전화번호는 ○○○ - ○○○ 입니다.

❻ 예약 번호는 몇 번입니까?

❼ 몇 시에 출발 몇 편입니까?

❽ ○○ 공항 도착은 몇 시입니까?

❾ 5월 10일 ○○ 편의 재확인을 하고 싶습니다만.

❿ 예약 번호는 ○○○○ 번입니다.

🌸 항공편 예약을 변경 · 취소할 때　　　　　　　　164

❶ 예약번호 ○○○ - ○○○ 입니다.

❷ 8월 8일 ○○ 편 예약을 변경하고 싶습니다만.

❸ 8월 7일편으로 해 주시겠습니까?

❹ 오전 〔 오후 〕 편으로 바꿔 주시겠습니까?

❺ 아침 편을 저녁 편으로 바꾸고 싶습니다만.

❻ ○○ 공항 행을 ○○ 공항 행으로 바꾸고 싶습니다만.

❼ 나리타공항 출발을 오사카공항 출발로 변경하고 싶습니다만.

❽ 같은 날 것으로 해 주십시오.

❾ 날짜도 바꾸어 주십시오.

❿ 8월 8일 ○○ 편 예약을 취소해 주십시오.

일본 출국시의 공항 이용

1. ○○○ 항공의 카운터는 어디입니까?
2. 부탁합니다.
3. 맡기는 짐은 이게 전부입니다.
4. 이것은 수하물 (손짐) 입니다.
5. 이것에 취급주의 스티커를 붙여 주시겠습니까?
6. 가능하시다면 앞쪽 좌석으로 해 주시지 않겠습니까?
7. 창문 쪽 좌석으로 부탁합니다.
8. 통로 쪽 좌석으로 부탁합니다.
9. 비행기는 정시 출발입니다.
10. 어느 정도 늦어질 것 같습니까?

✿ 일본인에게 말 걸기　　　　　　　　　　　　　　170

① 저기요.

② 죄송합니다만, 사진을 찍어 주실 수 있으십니까?

③ 대단히 감사합니다.

④ 저는 일본이 좋아서 한국에서 여행 온 사람입니다만.

⑤ 일본이 좋아서 한국에서 여행 온 대학생입니다만.

⑥ 혹시 괜찮으시다면 잠깐 이야기할 수 있을까요?

⑦ 일본에 왔기 때문에 일본분과 이야기를 하고 싶습니다.

⑧ 일본에 관해서 공부하고 싶습니다.

⑨ 가능하다면 일본분과 친구가 되고 싶습니다.

⑩ 괜찮으십니까! 정말 감사합니다.

✿ 자기소개　　　　　　　　　　　　　　　　　172

① 처음 뵙겠습니다.

② 저는 박미나라고 합니다.

③ 잘 부탁드립니다.

④ 시간을 내주셔서 정말 감사합니다.

⑤ 바쁘신 중에 정말 감사합니다.

⑥ 만나 뵙게 되어 대단히 기쁘게 생각합니다.

⑦ 일본분과 이야기 할 수 있어서 대단히 기쁘게 생각합니다.

⑧ 저는 올해 22 살이 됩니다.

⑨ 실례지만, 성함이 어떻게 되십니까?

⑩ 실례지만, 다나카 씨는 나이가 어떻게 되십니까?

학교 · 직장 소개　　　　　　　　　　　　174

❶ 저는 서울대학의 2학년입니다.

❷ 실례합니다만, 대학생입니까?

❸ 실례합니다만, 몇 학년입니까?

❹ 저는 회사에서 근무하고 있습니다.

❺ 호텔〔여행사〕에서 근무하고 있습니다.

❻ 회사〔상점〕를 경영하고 있습니다.

❼ 공무원입니다.

❽ 대학교〔고등학교 / 중학교〕교사입니다.

❾ 이것은 저의 명함입니다.

❿ 실례합니다만, 직업은요?

연락처 교환　　　　　　　　　　　　　176

❶ 실례합니다만, 연락처 교환을 하고 싶습니다만.

❷ 이것이 저의 핸드폰 번호입니다.

❸ 이것이 저의 메일 주소입니다.

❹ 이것이 저의 연락처입니다.

❺ 실례합니다만, 연락처를 여쭈어도 괜찮습니까?

❻ 실례합니다만, 핸드폰 번호를 여쭈어도 괜찮습니까?

❼ 실례합니다만, 메일 주소를 여쭈어도 괜찮습니까?

❽ 이것이 저의 명함입니다.

❾ 실례합니다만, 명함을 받을 수 있을까요?

❿ 간단한 영어로 서로 연락합시다!

✿ 인사말　　　　　　　　　　　　　　　　　　　178

❶ 안녕하세요. (아침 인사)

❷ 안녕하세요. (낮 인사)

❸ 안녕하세요. (저녁 인사)

❹ 안녕히 가십시오. 〔 계십시오 〕

❺ 안녕히 주무세요.

❻ 잘 먹겠습니다.

❼ 잘 먹었습니다.

❽ 실례하겠습니다.

❾ 그러면 꼭 다시 만나요.

❿ 그러면 다시 만나요. 건강하시길.

✿ 날씨 표현　　　　　　　　　　　　　　　　　　180

❶ 매우 좋은 날씨군요.

❷ 날씨가 좋아 기분이 좋군요.

❸ 〔 매우 〕 춥군요.

❹ 〔 매우 〕 덥군요.

❺ 〔 매우 〕 시원하군요.

❻ 〔 매우 〕 따뜻하군요.

❼ 하늘이 흐리네요.

❽ 비가 내릴 것 같군요.

❾ 비가 내리기 시작했어요.

❿ 저와 함께 우산을 쓰세요.

❁ 감사와 사과　　　　　　　　　　　　　　182

❶ 고마워.

❷ 고맙습니다.

❸ 대단히 고맙습니다.

❹ 감사했습니다.

❺ 정말 감사했습니다.

❻ 미안합니다.

❼ 미안했습니다.

❽ 죄송합니다.

❾ 정말 죄송합니다.

❿ 정말 죄송하게 되었습니다.

❁ 긍정·부정과 잘 모를 때　　　　　　184

❶ 예.

❷ 아니오.

❸ 네, 알겠습니다.

❹ 아니오, 모르겠습니다.

❺ 예, 좋습니다.

❻ 네, 그렇게 해 주십시오.

❼ 아니오, 그건 좀…

❽ 죄송합니다. 잘 모르겠습니다.

❾ 죄송합니다만, 잘 모르기 때문에 다시 한 번 부탁드립니다.

❿ 좀 더 천천히 이야기해 주시겠습니까?

🌸 칭찬할 때   186

① 다나카 씨는 정말 좋은 분이시네요.

② 다나카 씨는 정말 근사한 분이시네요.

③ 다나카 씨는 정말 친절한 분이시네요.

④ 다나카 씨는 정말 자상하시네요.

⑤ 다나카 씨는 정말 잘생기셨네요.

⑥ 다나카 씨는 정말 미인이시네요.

⑦ 다나카 씨는 정말 귀여우시네요.

⑧ 그 시계 아주 멋있네요.

⑨ 그 옷 아주 멋있네요.

⑩ 그 옷 아주 잘 어울리네요.

🌸 성격에 대해서   188

① 저는 매우 밝은 성격입니다.

② 저는 매우 활발한 성격입니다.

③ 저는 매우 유쾌한 성격입니다.

④ 저는 좀 내향적인 성격입니다.

⑤ 저는 좀 부끄러움을 많이 타는 성격입니다.

⑥ 다나카 씨는 어떤 성격입니까?

⑦ 다나카 씨는 매우 밝은 성격이군요.

⑧ 다나카 씨는 매우 활발한 성격이군요.

⑨ 다나카 씨는 매우 유쾌한 성격이군요.

⑩ 다나카 씨는 매우 자상한 성격이군요.

❁ 취미에 대해서　　　　　　　　　　　　　　　　190

① 저의 취미는 골프〔테니스 / 축구〕입니다.

② 저의 취미는 농구〔수영 / 탁구〕입니다.

③ 저의 취미는 음악을 듣는 것입니다.

④ 제이팝도 아주 좋아한답니다.

⑤ 저의 취미는 독서입니다.

⑥ 일본의 소설도 읽었습니다.

⑦ 저는 일본의 만화를 아주 좋아합니다.

⑧ 저는 이렇다 할 취미가 없습니다.

⑨ 주말은 어떻게 지내십니까?

⑩ ○○ 씨는 어떠한 취미를 가지고 계십니까?

❁ 이성교제에 대해서　　　　　　　　　　　　　　192

① 저는 애인이 있습니다.

② 저는 애인이 없습니다.

③ 정말 좋아하는 사람이 있었지만 헤어졌습니다.

④ 저는 마음이 착한 사람을 좋아합니다.

⑤ 저는 결혼했습니다.

⑥ 저는 독신주의자입니다.

⑦ 다나카 씨는 애인이 있습니까?

⑧ 그렇습니까? 없습니까? 멋있는 분이신데.

⑨ 어떤 타입의 여성〔남성〕을 좋아합니까?

⑩ 다나카 씨는 결혼하셨습니까?

🌸 기념 촬영하기　　　　　　　　　　　　　194

① 함께 기념사진을 찍읍시다.

② 일본에서는 사진을 찍을 때 뭐라고 말합니까?

③ 한국에서는「김치」라고 말하며 찍습니다.

④ 제가 사진을 찍어 드리겠습니다.

⑤ 포즈를 취해 주세요.

⑥ 방긋 웃어주세요.

⑦ 긴장하지 마세요.

⑧ 제 사진도 찍어 주세요.

⑨ 예쁘게 찍어 주세요.

⑩ 사진은 다음에 메일로 보내드려요.

🌸 같이 시간을 즐기기　　　　　　　　　　196

① 실례합니다만, 혹시 바쁘지 않으시다면

② 이 주변을 안내해주시지 않겠습니까?

③ 이 근처에서 함께 식사라도 하시지 않겠습니까?

④ 이 근처에서 차라도 마시지 않겠습니까?

⑤ 일본의 이자카야를 안내해 주시지 않겠습니까?

⑥ 지금부터 함께 놀러 가지 않겠습니까?

⑦ 이 근처에는 어떤 곳이 재미있습니까?

⑧ 일본에도 나이트클럽이 있습니까?

⑨ 한류댄스를 보여드릴게요.

⑩ 내일도 혹시 괜찮으시다면 만나 뵐 수 있습니까?

❀ 같이 노래방 가기 198

❶ 혹시 괜찮으시다면 함께 노래방에 가시지 않겠습니까?

❷ 먼저 가십시오.

❸ 다나카 씨가 가장 잘하는 노래는 무엇입니까?

❹ 이 일본 노래를 부르실 수 있습니까? 제가 좋아하는 곡입니다.

❺ 매우 훌륭하군요.

❻ 한 곡 더 불러주세요.

❼ 한국의 노래는 별로 없네요.

❽ 이 곡은 한국에서 매우 유행하고 있는 노래입니다.

❾ 한국의 노래 중에 알고 있는 노래가 있습니까?

❿ 함께 노래합시다.

❀ 헤어질 때 200

❶ 여러 가지로 정말 감사했습니다.

❷ 다나카 씨 덕분에 정말 즐거웠습니다.

❸ 다나카 씨와 만날 수 있어서 정말 좋았습니다.

❹ 좋은 추억으로 생각하고 소중히 하겠습니다.

❺ 헤어지는 것이 아쉽습니다.

❻ 다나카 씨에 대해서는 한국에 돌아가서도 잊지 않습니다.

❼ 한국에 돌아가면 반드시 연락드리겠습니다.

❽ 반드시 다시 뵙겠습니다.

❾ 부디 건강히 계시길 기원합니다.

❿ 다시 뵐 날을 고대하고 있습니다.

❄ 선물을 주고받을 때

❶ 정말 대단히 신세를 지게 되었습니다.

❷ 약소한 선물을 준비해 놓았습니다.

❸ 변변치 않은 것이지만 받아주십시오.

❹ 적으나마 저의 마음입니다.

❺ 이것을 보고 저를 기억해 주십시오.

❻ 마음에 드시면 좋겠습니다.

❼ 마음에 드셨습니까?

❽ 선물까지 받게 되어 정말 감사드립니다.

❾ 저도 선물을 준비했습니다.

❿ 죄송합니다. 저는 아무것도 준비하지 못했습니다.

✸ 수에 관한 표현 1　　　　　　　　　　　　　　　206

1	2	3	4	5
6	7	8	9	10

11	12	13	14	15
16	17	18	19	20

30	40	50	55	60
64	70	75	80	90

100	200	300	400	500
600	700	740	800	900

✸ 수에 관한 표현 1　　　　　　　　　　　　　　　207

1,000	2,000	3,000	4,000	5,000
6,000	7,000	8,694	9,000	9,600

10,000	20,000	30,000	40,000	50,000
60,000	70,000	80,000	83,845	90,000

100,000	200,000	300,000	400,000	500,000
600,000	700,000	800,000	814,600	900,000

1,000,000	2,000,000	3,000,000	4,000,000	5,000,000
6,000,000	7,000,000	8,000,000	8,076,900	9,000,000

🌸 수에 관한 표현 2　　　　　　　　　　　　　　　　　208

몇 사람 (명)	1인	2인	3인	4인	5인
	6인	7인	8인	9인	10인

몇 박	1박	2박	3박	4박	5박
	6박	7박	8박	9박	10박

몇 호실	1호실	2호실	3호실	4호실	5호실
	6호실	7호실	8호실	9호실	10호실

몇 층	1층	2층	3층	4층	5층
	6층	7층	8층	9층	10층

🌸 수에 관한 표현 3　　　　　　　　　　　　　　　　　210

몇 개	1개	2개	3개	4개	5개
	6개	7개	8개	9개	10개

몇 병 (병 / 자루)	1병	2병	3병	4병	5병
	6병	7병	8병	9병	10병

몇 잔	1잔	2잔	3잔	4잔	5잔
	6잔	7잔	8잔	9잔	10잔

몇 상자	1상자	2상자	3상자	4상자	5상자
	6상자	7상자	8상자	9상자	10상자

🌸 때에 관한 표현 1　　　　　　　　　　　　　　212

몇 월	1월	2월	3월	4월	5월	6월
	7월	8월	9월	10월	11월	12월

며칠	1일	2일	3일	4일	5일
	6일	7일	8일	9일	10일
	11일	12일	13일	14일	15일
	16일	17일	18일	19일	20일
	21일	22일	23일	24일	25일
	26일	27일	28일	29일	30일	31일

🌸 때에 관한 표현 2　　　　　　　　　　　　　　214

몇 시	1시	2시	3시	4시	5시	6시
	7시	8시	9시	10시	11시	12시

몇 분	5분	10분	15분	20분	25분	30분
	35분	40분	45분	50분	55분	60분

무슨요일	월요일	화요일	수요일	목요일	금요일
	토요일	일요일			

며칠간	2일간	3일간	4일간	5일간	6일간
	일주일간	이주일간	한 달간		

13 숫자·때에 관한 표현

알짜 여행 TIP 1

입국 신고서 작성하기

外国人入国記録 외국인 입국기록 英語又は日本語で記載して下さい。영어 또는 일본어로 기재해 주세요.				
氏　名 이름	영문 성 KIM			영문 이름 MIN SU
生年月日 생년월일	1998. 12. 08	現住所 현주소	国名 나라명 かんこく	都市名 도시명 ソウル
渡航目的 도항 목적	☑ 観光 관광　□ 商用 상용　□ 親族訪問 친족방문 □ その他 기타　(　　　　　　　　　)		航空機便名・船名 항공기편명・선명	ABC123
			日本滞在予定期間 일본 체재 예정 기간	3
日本の連絡先 일본의 연락처	とうきょうと しぶやく ABCホテル		TEL 전화번호 03-1234-5678	

裏側の質問事項について該当するものに ☑ を記入して下さい。

1. 日本での退去の履歴・上陸拒否歴の有無 일본에서의 강제퇴거 이력・상륙거부 이력 유무	□ はい 예	☑ いいえ 아니오
2. 有罪判決の有無（日本での判決に限らない） 유죄판결의 유무 (일본 내외의 모든 판결)	□ はい 예	☑ いいえ 아니오
3. 規制薬物・鉄砲・刀剣類・火薬類の所持 규제약물・총포・도검류・화약류의 소지	□ はい 예	☑ いいえ 아니오

以上の記載内容は事実と相違ありません。
署名 서명

┈┈ 일본 국내에서 머물 호텔명이나 숙소의 주소를 적어주세요.

입국 신고서는 항공사 체크인 카운터, 혹은 기내에서 받을 수 있습니다. 일본 공항에도 비치되어 있지만 미리 받아서 기내에서 작성해두는 것이 좋습니다.

입국 신고서는 영문, 또는 일본어로 기재해야 하며, 일본에서의 숙소 주소와 연락처가 꼭 필요하오니 호텔, 숙소 등의 주소는 미리 메모해 가도록 합시다!

Chapter 1
입국

- 일본 입국 심사를 받을 때
- 짐을 찾을 때
- 세관 검사를 받을 때
- 환전 및 교통편 안내를 받을 때

일본 입국 심사를 받을 때

❶ 관광 목적으로 왔습니다.

❷ 업무 차 왔습니다.

❸ 3일간 머무를 예정입니다. (※ p.212 숫자표현 참조)

❹ 한국의 회사에서 근무하고 있습니다.

❺ 학생〔 주부 〕입니다.

❻ 도쿄의 로얄 호텔에서 머무릅니다.

❼ 시나가와의 친척 집에 묵을 겁니다.

❽ 지금부터 호텔을 정할 예정입니다.

❾ 소지금은 일본돈 10만 엔을 갖고 있습니다.

❿ 네, 여기입니다.

Track-1

❶ 캉코오데 키마시타
観光で 来ました。

❷ 시고토데 키마시타
仕事で 来ました。

❸ 믹카강 타이자이스루 요테이데스
3日間 滞在する 予定です。

❹ 캉코쿠노 카이샤니 츠토메테 이마스
韓国の 会社に 勤めて います。

❺ 가쿠세에〔 슈후 〕데스
学生〔主婦〕です。

❻ 토오쿄오노 로이야루호테루니 토마리마스
東京の ロイヤルホテルに 泊まります。

❼ 시나가와노 신세키노이에니 토마리마스
品川の 親戚の家に 泊まります。

❽ 코레카라 호테루오 토루츠모리데스
これから ホテルを とるつもりです。

❾ 쇼지킹와 니홍엔데 주우망엥 못테오리마스
所持金は 日本円で 10万円 持っております。

❿ 하이 코치라데스
はい、こちらです。

 짐을 찾을 때

① ○○ 항공 ○○ 편 수하물 찾는 곳은 어디입니까?
(※ p.206 숫자표현 참조)

② 실례합니다만, 그것은 내 짐입니다만.

③ 실례합니다. 짐이 보이지 않습니다.

④ 내 짐이 도착하지 않았습니다.

⑤ ○○ 항공 ○○ 편입니다.

⑥ 짐 찾는 것을 도와주시겠습니까?

⑦ 누군가 한국어를 할 수 있는 분은 안 계십니까?

⑧ 짐은 트렁크와 가방입니다.

⑨ 이것이 보관증입니다.

⑩ 이 연락처로 부탁드립니다.

❶ ○○ 코오쿠우 ○○빈노 테니모츠우케토리조와 도코데스까
○○航空 ○○便の 手荷物受け取り所は どこですか。

❷ 시츠레에데스가 소레와 와타시노 니모츠데스요
失礼ですが、それは 私の 荷物ですよ。

❸ 스미마셍 니모츠가 미츠카리마셍
すみません。荷物が 見つかりません。

❹ 와타시노 니모츠가 토도이테오리마셍
私の 荷物が 届いて おりません。

❺ ○○코오쿠우 ○○빈데스
○○航空 ○○便です。

❻ 니모츠오 사가스노오 테츠닷테 이타다케마셍까
荷物を 探すのを 手伝って いただけませんか。

❼ 도나타카 캉코쿠고노 데키루카타와 오라레마셍까
どなたか 韓国語の できる方は おられませんか。

❽ 니모츠와 토랑쿠토 카방데스
荷物は トランクと かばんです。

❾ 코레가 아즈카리쇼오데스
これが 預り証です。

❿ 코노 렌라쿠사키마데 오네가이시마스
この 連絡先まで お願いします。

세관 검사를 받을 때

❶ 신고할 것은 아무것도 없습니다.

❷ 신고할 것은 이것입니다.

❸ 이것은 30만 엔 정도이고 이것이 영수증입니다.
(※ p. 207 숫자표현 참조)

❹ 담배 1보루와 술 2병을 갖고 있습니다.

❺ 이 가방 안에 있는 것은 일용품과 선물입니다.

❻ 이것은 친구에게 줄 선물입니다. 만년필입니다.

❼ 이 반지[팔찌]는 평소 쓰고 있는 것입니다.

❽ 이 목걸이는 평소 쓰고 있는 것입니다.

❾ 구입한지 벌써 1[2 / 3]년 됩니다.

❿ 여기에 흠집도 있습니다.

① 싱코쿠 스루모노와 나니모 아리마셍
申告するものは何もありません。

② 싱코쿠 스루모노와 고레데스
申告するものはこれです。

③ 코레와 산주우망엔구라이노 모노데 코레가 료오슈우쇼데스
これは30万円ぐらいのもので、これが領収書です。

④ 타바코오 이치카아통토 오사케오 니홍 못테오리마스
たばこを1カートンと、お酒を2本持っております。

⑤ 코노박구노 나카미와 니치요오힝토 오미야게데스
このバッグの中身は日用品とおみやげです。

⑥ 코레와 유우징에노 오미야게데스 만넹히츠데스
これは友人へのおみやげです。万年筆です。

⑦ 코노유비와〔우데와〕와 후당 츠캇테이루 모노데스
この指輪〔腕輪〕はふだん使っているものです。

⑧ 코노 넥쿠레스와 후당 츠캇테이루 모노데스
このネックレスはふだん使っているものです。

⑨ 캇테카라 모오 이치〔니／상〕넹니 나리마스
買ってからもう、1〔2/3〕年になります。

⑩ 코코니 키즈모 아리마스
ここに傷もあります。

환전 및 교통편 안내를 받을 때

❶ 은행은 어디입니까?

❷ 환전 부탁합니다.

❸ 만 엔 지폐 10장과 오천 엔 지폐 10장, 천 엔 지폐를 20장 부탁합니다.

❹ 이 이천 엔도 적당히 잔돈으로 주십시오.

❺ 리무진버스[스카이라이너]를 타는 곳은 어디입니까?

❻ 실례합니다만, 우에노[시나가와]까지 가는 표는 어떻게 사야 합니까?

❼ 우에노[시나가와]까지의 표는 얼마입니까?

❽ 우에노[시나가와]행 표를 1장 주십시오.

❾ 우에노[시나가와]행은 몇 시에 출발합니까?

❿ 우에노[시나가와]역에 몇 시에 도착합니까?

① 깅코오와 도코데스까
銀行は どこですか。

② 료오가에 오네가이시마스
両替、お願いします。

③ 이치망엔사츠 주우마이토 고셍엔사츠 주우마이, 셍엔사츠오 니주우마이 오네가이시마스
10000円札 10枚と 5000円札 10枚、1000円札を 20枚 お願いします。

④ 코노 니셍엠모 테키토오니 코마카쿠시테 쿠다사이
この 2千円も 適当に こまかくして ください。

⑤ 리무짐바스〔스카이라이나아〕노 노리바와 도코데스까
リムジンバス〔スカイライナー〕の 乗り場は どこですか。

⑥ 스미마셍가 우에노〔시나가와〕마데노 킵푸와 도오카이마스까
すみませんが、上野〔品川〕までの 切符は どう 買いますか。

⑦ 우에노〔시나가와〕마데노 킵푸와 이쿠라데스까
上野〔品川〕までの 切符は いくらですか。

⑧ 우에노〔시나가와〕유키노 킵푸오 이치마이쿠다사이
上野〔品川〕行きの 切符を 1枚ください。

⑨ 우에노〔시나가와〕유키와 난지하츠데스까
上野〔品川〕行きは 何時発ですか。

⑩ 우에노〔시나가와〕에키니 난지니 토오차쿠 시마스까
上野〔品川〕駅に 何時に 到着しますか。

알짜 여행 TIP 2

일본의 교통카드

일본에도 우리나라의 티머니와 같은 선불 충전식 교통카드가 있습니다. 전철, 버스 등 대중교통 이용은 물론, 전자화폐 기능도 갖추고 있어서 편의점이나 상점에서 물건을 살 때도 사용할 수 있습니다.

기존에는 지역별로 사용할 수 있는 카드가 달라서 교통카드의 종류가 굉장히 다양했지만, 이제는 지역별로 판매하는 카드는 달라도 사용 범위는 전국적으로 통합되어서 어느 지역에서 구입해도 전국에서 다 사용할 수 있습니다.

다만 일본은 아직 환승 제도가 없다는 점 주의합시다!

Chapter 2
교통수단

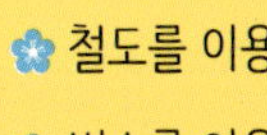

- 택시를 이용할 때
- 지하철을 이용할 때
- 철도를 이용할 때
- 버스를 이용할 때
- 렌터카를 이용할 때

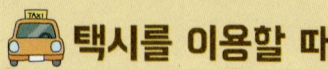 **택시를 이용할 때**

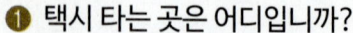

① 택시 타는 곳은 어디입니까?

② 택시를 불러 주시겠습니까?

③ 시나가와역까지 얼마 정도 나올까요? (요금)

④ 시나가와역까지 부탁합니다.

⑤ 도쿄역에 가장 가까운 역까지 부탁합니다.

⑥ 이 주소로 가 주시겠습니까?

⑦ 저 신호등 바로 앞에 세워 주십시오.

⑧ 여기서 세워 주십시오.

⑨ 만 엔입니다만, 거스름돈 있습니까?

⑩ 거스름돈이 맞지 않습니다.

Track-5

① 타쿠시이 노리바와 도코데스까
タクシー乗り場は どこですか。

② 타쿠시이오 욘데 이타다케 마스까
タクシーを 呼んで いただけますか。

③ 시나가와에키마데 이쿠라구라이 카카루데쇼오까
品川駅まで いくらぐらい かかるでしょうか。

④ 시나가와에키마데 오네가이시마스
品川駅まで お願いします。

⑤ 토오쿄오 에키니 이치방치카이 에키마데 오네가이시마스
東京駅に 一番近い 駅まで お願いします。

⑥ 코노 주우쇼마데 잇테쿠다사이 마스까
この 住所まで 行って ください ますか。

⑦ 아노싱고오노 테마에데 토메테 쿠다사이
あの信号の 手前で 止めてください。

⑧ 코코데 토메테 쿠다사이
ここで 止めてください。

⑨ 이치망엔 데스가 오츠리가 아리마스까
1万円ですが、おつりが ありますか。

⑩ 오츠리가 치갓테 이마스요
おつりが 違っていますよ。

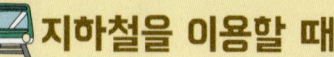 지하철을 이용할 때

❶ 제일 가까운 지하철역은 어디입니까?

❷ 긴자선 타는 곳은 어디입니까?

❸ 실례합니다만, 표를 구입하는 방법을 알려주십시오.

❹ 메구로역까지 얼마입니까?

❺ 메구로역까지 가려면 어느 선을 타면 좋을까요?

❻ 메구로역까지 가려면 이 전차로 갈아타면 될까요?

❼ 다음 역은 어디입니까?

❽ 다음 역은 메구로입니까?

❾ 죄송합니다. 메구로역에서 내리고 싶습니다만.

❿ 메구로역에 도착하면 알려 주십시오.

① 모요리노 치카테츠노 에키와 도코데스까
もよりの 地下鉄の 駅は どこですか。

② 긴자센노 노리바와 도코데스까
銀座線の 乗り場は どこですか。

③ 스미마셍가 킵푸노 카이카타오 오시에테 쿠다사이
すみませんが、切符の 買い方を 教えて ください。

④ 메구로에키마데 이쿠라데스까
目黒駅まで いくらですか。

⑤ 메구로에키마데 이쿠니와 도노센니 노레바 이이데쇼오까
目黒駅まで 行くには、どの線に 乗れば いいでしょうか。

⑥ 메구로에키마데 이쿠니와 코노뎅샤니 노리카에레바 이이데쇼오까
目黒駅まで 行くには、この電車に 乗り換えれば いいでしょうか。

⑦ 츠기노 에키와 도코데스까
次の 駅は どこですか。

⑧ 츠기노 에키와 메구로데스까
次の 駅は 目黒ですか。

⑨ 스미마셍 메구로에키데 오리타이노 데스가
すみません。目黒駅で 降りたいの ですが、

⑩ 메구로에키니 츠이타라 오시에테쿠다사이
目黒駅に 着いたら 教えてください。

🚆 철도를 이용할 때

❶ 오사카역까지 어른 2장, 아이 1장 부탁합니다.

(※ p. 206 숫자표현 참조)

❷ 왕복〔 급행 / 지정석 / 자유석 〕은 얼마입니까?

❸ 오사카역까지 왕복〔 급행 / 지정석 / 자유석 〕을 주세요.

❹ 급행은 교토역에 정차합니까?

❺ 히카리호는 몇 번 플랫폼에서 출발합니까?

❻ 자유〔 지정 〕석은 몇 호차입니까?

❼ 여기는 지정〔 자유 〕석입니까?

❽ 미안합니다만, 이 자리는 비어있습니까?

❾ 미안합니다만, 자리를 바꿔 주시지 않겠습니까?

❿ 미안합니다. 표를 잃어버렸습니다.

❶ 오오사카에키마데 오토나 니마이 코도모 이치마이 오네가이시마스
大阪駅まで、大人 二枚、子供 一枚、お願いします。

❷ 오오후쿠〔큐우코오 / 시테에세키 / 지유우세키〕와 이쿠라데스카
往復〔急行 / 指定席 / 自由席〕は いくらですか。

❸ 오오사카에키마데 오오후쿠〔큐우코오 / 시테에세키 / 지유우세키〕오 쿠다사이
大阪駅まで 往復〔急行 / 指定席 / 自由席〕を ください。

❹ 큐우코오와 쿄오토에키니 토마리마스까
急行は 京都駅に 止まりますか。

❺ 히카리고오와 남방센노 호오무까라 데마스까
ひかり号は 何番線の ホームから 出ますか。

❻ 시테에〔지유우〕세키와 낭고오샤데스까
指定〔自由〕席は 何号車ですか。

❼ 코코와 시테〔지유우〕세키데스까
ここは 指定〔自由〕席ですか。

❽ 스미마셍가 코노세키와 아이테이마스까
すみませんが、この席は あいていますか。

❾ 스미마셍가 세키오 카왓테 이타다케마셍까
すみませんが、席を 代って いただけませんか。

❿ 스미마셍 킵푸오 나쿠시테 시마이마시타
すみません。切符を なくして しまいました。

🚌 버스를 이용할 때

① 이 근처에 메구로역까지 가는 버스 정류장은 없습니까?

② 메구로행 버스는 어디서 탈 수 있습니까?

③ 메구로역에 가고 싶은데 어느 버스를 타면 좋을까요?

④ 메구로역 근처까지 가는 버스는 어느 버스입니까?

⑤ 이 버스는 메구로역까지 갑니까?

⑥ 이 버스는 몇 분마다 있습니까?

⑦ 메구로역까지 어느 정도 시간이 걸립니까?

⑧ 메구로역은 몇 번째 역입니까?

⑨ 미안합니다만, 메구로역에 도착하면 알려 주십시오.

⑩ 미안합니다만, 잔돈이 없는데요.

❶ 코노치카쿠니 메구로에키마데이쿠 바스노 노리바와 아리마셍까
この近くに 目黒駅まで行く、バスの 乗り場は ありませんか。

❷ 메구로유키노 바스와 도코데 노레마스까
目黒行きの バスは どこで 乗れますか。

❸ 메구로에키니 이키타이노데스가 도노바스니 노레바 이이데쇼오까
目黒駅に 行きたいのですが、どのバスに 乗れば いいでしょうか。

❹ 메구로에키노 소바마데 이쿠바스와 도노바스데스까
目黒駅のそばまで 行くバスは どのバスですか。

❺ 코노바스와 메구로에키마데 이키마스까
このバスは 目黒駅まで 行きますか。

❻ 코노바스와 남풍오키니 데마스까
このバスは 何分おきに 出ますか。

❼ 메구로에키마데 도노쿠라이 지캉가 카카리마스까
目黒駅まで どのくらい 時間が かかりますか。

❽ 메구로에키와 이쿠츠메데스까
目黒駅は いくつ目ですか。

❾ 스미마셍가 메구로에키니 츠이타라 오시에테쿠다사이
すみませんが、目黒駅に 着いたら、教えてください。

❿ 스미마셍가 코마카이노가 나이노데스가
すみませんが、こまかいのが ないのですが。

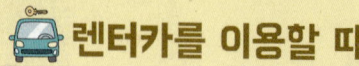 렌터카를 이용할 때

① 렌터카를 빌리고 싶습니다만.

② 이것이 나의 국제 면허증입니다.

③ 요금표〔 자동차의 카달로그 〕를 보여주십시오.

④ 이 차로 부탁합니다.

⑤ 보험에 들어 있습니까?

⑥ 휘발유 값은 별도 계산입니까?

⑦ 차를 도착지에 두고 가는 요금은 얼마입니까?

⑧ 사고가 났을 경우 연락처를 알려 주십시오.

⑨ 외국어〔 한국어 〕판의 네비게이션은 있습니까?

⑩ 이틀간 빌리고 싶습니다만. (※ p.212 숫자표현 참조)

Track-9

❶ 렌타카아오 카리타이노 데스가
レンタカーを 借りたいの ですが。

❷ 코레가 와타시노 콕사이 멩쿄쇼오데스
これが 私の 国際 免許証です。

❸ 료오킹효오〔쿠루마노 카타로구〕오 미세테 쿠다사이
料金表〔車のカタログ〕を 見せて ください。

❹ 코노쿠루마오 오네가이시마스
この車を お願いします。

❺ 호켄니 하잇테이마스까
保険に 入っていますか。

❻ 가소린다이와 베츠데스까
ガソリン代は 別ですか。

❼ 노리스테료오킹와 이쿠라데스까
乗り捨て料金は いくらですか。

❽ 지코노 바아이노 렌라쿠사키오 오시에테 쿠다사이
事故の 場合の 連絡先を 教えて ください。

❾ 가이코쿠고〔캉코쿠고〕반노 나비게에숀와 아리마스까
外国語〔韓国語〕版の ナビゲーションは ありますか。

❿ 후츠카캉 카리타이노 데스가
二日間 借りたいの ですが。

알짜 여행 TIP 3

일본 온천 순위 BEST5

BEST1 하코네
하코네는 예로부터 온천 마을로 유명하고, 도쿄 근방에 위치하기 때문에 인기가 많은 온천 관광지입니다. 하코네 산의 기슭부터 중턱까지 온천 거리가 부분부분 형성되어있습니다.

BEST2 유후인
큐슈 오이타현에 위치한 유후인은 특히 여성들이 좋아하는 온천지로 유명합니다. 벳부와 쿠사츠에 이어 일본에서 3번째로 용출량이 많고, 료칸이 많아서 가격대의 폭이 넓고 다양해서 료칸여행으로 유명한 곳이기도 합니다.

BEST3 쿠사츠
도쿄에서 비교적 가까운 군마현에 있는 쿠사츠 온천은 효고의 아리마온천, 기후의 게로온천과 더불어 일본의 3대 온천 중 하나이며, 피부병, 신경증, 당뇨병에 좋은 약탕입니다.

BEST4 벳부
큐슈 오이타현에 위치한 벳부 온천은 유후인과 함께 큐슈에서 인기가 높은 온천지입니다. 료칸의 수가 적기 때문에 온천이나 숙박 보다는 지옥 온천 순례라는 관광을 즐기기 위해 찾는 관광객들이 많습니다.

BEST5 노보리베츠
홋카이도 남서쪽에 위치한 노보리베츠 온천은 특히 겨울 여행지로 인기가 많습니다. 춥고 눈이 많이 오는 지역이기 때문에 멋진 설경과 함께 노천 온천을 즐길 수 있습니다.

Chapter 3
숙박

🌸 방을 예약할 때
🌸 체크인할 때
🌸 체크아웃할 때
🌸 불편사항이 있을 때
🌸 서비스를 요청할 때

방을 예약할 때

① 관광안내소는 어디입니까?

② 여기서 호텔 예약이 가능합니까?

③ 싸고 깨끗한 호텔을 소개해 주십시오.

④ 1박에 팔천 엔 이하의 방이었으면 합니다.

⑤ 유스호스텔〔 민박 〕을 예약하고 싶습니다만.

⑥ 우에노역〔 공항 〕근처가 좋은데요.

⑦ 좀 더 싼 호텔〔 방 〕은 없습니까?

⑧ 1인 1박에 얼마입니까?   (※ p. 208 숫자표현 참조)

⑨ 역에서 걸어서 몇 분 걸립니까?

⑩ 그러면 그 방을 일주일간 예약해 주십시오.

① 캉코오 안나이조와 도코데스까
観光 案内所は どこですか。

---

② 코코데 호테루노 요야쿠가 데키마스까
ここで ホテルの 予約が できますか。

---

③ 야스쿠테 키레에나 호테루오 쇼오카이 시테쿠다사이
安くて、きれいな ホテルを 紹介 してください。

---

④ 입파쿠 핫셍엥 이카노 헤야니 시타이노데스가
1泊 8000円 以下の 部屋に したいのですが。

---

⑤ 유우스 호스테루〔밍슈쿠〕오 요야쿠 시타이노데스가
ユース ホステル〔民宿〕を 予約 したいのですが。

---

⑥ 우에노에키〔쿠우코오〕노 치카쿠가 이이노데스가
上野駅〔空港〕の 近くが いいのですが。

---

⑦ 모오스코시 야스이 호테루〔헤야〕와 아리마셍까
もう少し 安い ホテル〔部屋〕は ありませんか。

---

⑧ 히토리 입파쿠 이쿠라데스까
1人、1泊 いくらですか。

---

⑨ 에키카라아루이테 남풍데스까
駅から 歩いて、何分ですか。

---

⑩ 데와 소노헤야오 잇슈우캉 요야쿠 시테쿠다사이
では、その部屋を 1週間 予約 してください。

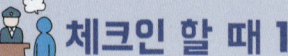 체크인 할 때 1

① 저의 이름은 홍길동입니다.

② 한국 서울에서 예약했습니다.

③ 나리타공항〔 관광안내소 〕에서 예약했습니다.

④ 예약금을 지불했습니다.

⑤ 싱글룸〔 트윈룸 / 더블룸 〕을 부탁합니다.

⑥ 1박 요금은 얼마입니까?

⑦ 서비스료〔 세금 〕가 포함된 요금입니까?

⑧ 이것은 아침식사가 포함된 요금입니까?

⑨ 아침식사는 예약이 필요합니까?

⑩ 좀 더 싼 방은 없습니까?

① 와타시노 나마에와 홍길동데스
私の 名前は ホン・ギルトンです。

---

② 캉코쿠노 소우루데 요야쿠시테아리마스
韓国の ソウルで、予約してあります。

---

③ 나리타 쿠우코오〔캉코오안나이조〕데 요야쿠 시마시타
成田空港〔観光案内所〕で 予約 しました。

---

④ 요야쿠킹와 하랏테아리마스
予約金は 払ってあります。

---

⑤ 싱구루〔츠인 / 다부루〕오 오네가이시마스
シングル〔ツイン / ダブル〕を お願いします。

---

⑥ 입파쿠노 료오킹와 이쿠라데스까
1泊の 料金は いくらですか。

---

⑦ 사아비스료오〔제에킹〕코미노 네단데스까
サービス料〔税金〕込みの 値段ですか。

---

⑧ 코레와 초오쇼쿠 츠키노 료오킹 데스까
これは 朝食 付きの 料金ですか。

---

⑨ 초오쇼쿠노 요야쿠와 히츠요오 데스까
朝食の 予約は 必要 ですか。

---

⑩ 못토 야스이 헤야와 아리마셍까
もっと 安い 部屋は ありませんか。

체크인 할 때 2

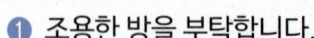

① 조용한 방을 부탁합니다.

② 경치가 좋은 방을 부탁합니다.

③ 좀 더 큰 방은 없습니까?

④ 방을 보여 주지 않겠습니까?

⑤ 숙박카드를 쓰는 법을 알려 주십시오.

⑥ 이 귀중품을 맡아 주십시오.

⑦ 짐을 방까지 옮겨 주시겠습니까?

⑧ 한국어로 된 호텔 안내책자는 있습니까?

⑨ 흡연실〔금연실〕로 부탁합니다.

⑩ 사우나〔온천〕는 몇 시부터 몇 시까지입니까?

① 시즈카나 헤야오 오네가이시마스
静かな 部屋を お願いします。

② 나가메노 요이헤야오 오네가이시마스
眺めの 良い部屋を お願いします。

③ 모오스코시 오오키이 헤야와 아리마셍까
もう少し 大きい 部屋は ありませんか。

④ 헤야오 미세테 쿠다사이마셍까
部屋を 見せて くださいませんか。

⑤ 슈쿠하쿠 카아도노 카키카타오 오시에테 쿠다사이
宿泊 カードの 書き方を 教えて ください。

⑥ 고노 키초오힝오 아즈캇테 쿠다사이
この 貴重品を 預かって ください。

⑦ 니모츠오 헤야마데 하콘데 이타다케마스까
荷物を 部屋まで 運んで いただけますか。

⑧ 캉코쿠고노 호테루안나이와 아리마스까
韓国語の ホテル案内は ありますか。

⑨ 키츠엔시츠〔킹엔시츠〕데 오네가이 시마스
喫煙室〔禁煙室〕で お願い します。

⑩ 사우나〔온센〕와 난지카라 난지마데 데스까
サウナ〔温泉〕は 何時から 何時まで ですか。

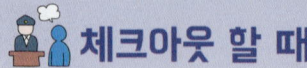 체크아웃 할 때

① 지금부터 체크아웃하고 싶은데요.

② 체크아웃은 몇 시까지입니까?

③ 체크아웃을 30분 정도 연장해 주시지 않겠습니까?

④ 1박 더 하고 싶은데요.

⑤ 예정보다 하루 일찍 체크아웃 하겠습니다.

⑥ 명세서의 내용을 설명해 주십시오.

⑦ 귀중품을 맡겨 두었습니다만.

⑧ 포터를 보내 주시겠습니까?

⑨ 택시를 불러 주시겠습니까?

⑩ 리무진버스는 어디에서 탑니까?

① 코레카라 체쿠아우토 시타이노데스가
これから チェックアウト したいのですが。

② 체쿠아우토와 난지마데데스까
チェックアウトは 何時までですか。

③ 체쿠아우토노 지캉오 산줍풍호도 노바시테 이타다케마셍까
チェックアウトの 時間を 30分ほど 延して いただけませんか。

④ 모오 입파쿠 시타이노데스가
もう 1泊 したいのですが。

⑤ 요테에요리 이치니치 하야쿠 타치마스
予定より 1日 早く 立ちます。

⑥ 메에사이노 나이요오오 세츠메에 시테쿠다사이
明細の 内容を 説明 してください。

⑦ 키초오힝오 아즈케테 아루노데스가
貴重品を 預けて あるのですが。

⑧ 포오타아오 요코시테 이타다케마스까
ポーターを よこして いただけますか。

⑨ 타쿠시이오 욘데 이타다케마스까
タクシーを 呼んで いただけますか。

⑩ 리무짐바스와 도코데스까
リムジンバスは どこですか。

불편사항이 있을 때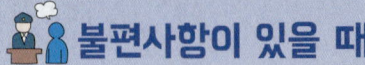

❶ 미안합니다만, 방이 마음에 들지 않는데 바꿔주시겠습니까?

❷ 이 방의 전압은 몇 볼트입니까?

❸ 문 열쇠가 망가져 있습니다.

❹ 에어컨[히터]이 고장 난 것 같습니다만.

❺ 방을 좀 더 따뜻하게[서늘하게]해 주십시오.

❻ 샤워기에서 더운 물이 나오지 않습니다.

❼ 방[욕실]의 불이 안 켜집니다.

❽ 텔레비전[스탠드]이 고장 나 있습니다.

❾ 화장실 물이 나오지 않습니다[멈추지 않습니다].

❿ 수건[비누]이 없습니다.

① 스미마셍가 헤야가 키니이라나이 노데 카에테 이타다케마스까
すみませんが、部屋が 気に入らないので、換えて いただけますか。

② 코노헤야노 덴아츠와 난보르토 데스까
この部屋の 電圧は 何ボルト ですか。

③ 도아노 카기가 코와레테 이마스
ドアの 鍵が こわれて います。

④ 에아콘 [히이타아] 노 초오시가 와루이노데스가
エアコン〔ヒーター〕の 調子が 悪いのですが。

⑤ 헤야오 못토 아타타카쿠 [스즈시쿠] 시테쿠다사이
部屋を もっと 暖かく〔涼しく〕してください。

⑥ 샤와아카라 아츠이오유우가 데마셍
シャワーから 熱いお湯が 出ません。

⑦ 헤야 [오후로바] 노 뎅키가 츠키마셍
部屋〔お風呂場〕の 電気が つきません。

⑧ 테레비 [스탄도] 가 코쇼오 시테이마스
テレビ〔スタンド〕が 故障 しています。

⑨ 토이레노 미즈가 데마셍 [토마리마셍]
トイレの 水が 出ません〔止まりません〕。

⑩ 타오루 [섹켕] 가 아리마셍
タオル〔石けん〕が ありません。

서비스를 요청할 때

① 102호실입니다만, 나에게 메시지는 없었습니까?

② 샌드위치와 토마토주스를 부탁합니다.

③ 얼음과 물을 가져와 주십시오.

④ 방에서 아침식사를 하고 싶습니다만.

⑤ 아침 6시 반에 모닝콜을 부탁합니다. (※ p.214 숫자표현 참조)

⑥ 담요[목욕수건]를 한 장 더 부탁합니다.

⑦ 클리닝[다림질]을 부탁하고 싶은데요.

⑧ 복사[팩스]서비스는 있습니까?

⑨ 호텔 근처에 식당가는 없습니까?

⑩ 방 청소를 부탁합니다.

① 햐쿠니고오 시츠데스가 와타시니 멧세에지와 아리마셍 데시타까
102号室ですが、私に メッセージは ありません でしたか。

② 산도잇치토 토마토주우스오 오네가이시마스
サンドイッチと トマトジュースを お願いします。

③ 코오리토 미즈오 못테키테 쿠다사이
氷と 水を 持ってきて ください。

④ 헤야데 초오쇼쿠오 토리타이노 데스가
部屋で 朝食を とりたいの ですが。

⑤ 아사노 로쿠지한니 모오닝구코오루오 오네가이시마스
朝の 6時半に モーニングコールを お願いします。

⑥ 모오후〔바스타오루〕오 모오이치마이 오네가이시마스
毛布〔バスタオル〕を もう1枚 お願いします。

⑦ 쿠리이닝구〔아이롱〕오 오네가이 시타이노데스가
クリーニング〔アイロン〕を お願い したいのですが。

⑧ 코피이〔확쿠스〕노 사아비스와 아리마스까
コピー〔ファックス〕の サービスは ありますか。

⑨ 호테루노 치카쿠니 쇼쿠도오가이와 아리마셍까
ホテルの 近くに 食堂街は ありませんか。

⑩ 헤야노 소오지오 오네가이시마스
部屋の 掃除を お願いします。

알짜 여행 TIP 4

지역별 유명한 먹거리

홋카이도 털게

나고야 히쓰마부시

오사카 다코야키

고베 소고기

히로시마 오코노미야키

카가와 우동

후쿠오카 하카타라멘

일본은 지리적 특성으로 인해 생선이나 어패류를 이용한 요리가 많으며, 사계절이 뚜렷해서 제철음식이 발달했습니다. 재료 본연의 맛을 살린 정갈하고 담백한 일본 요리는 우리나라 사람들의 기호에 잘 맞아 요즘은 일본으로 식도락 여행을 떠나는 사람들도 많습니다. 타베로그(https://tabelog.com) 사이트를 이용하면 지역별 맛집 정보를 쉽게 얻을 수 있습니다.

Chapter 4
식사

⭐ 식당을 선택 · 예약할 때
⭐ 주문이나 요구사항이 있을 때
⭐ 계산할 때

식당을 선택 · 예약할 때

❶ 이 근처에 식사할 수 있는 곳은 있습니까?

❷ 싸고 맛있는 식당을 소개해 주십시오.

❸ 이 근처에서 너무 비싸지 않은 레스토랑은 없습니까?

❹ 분위기 좋은 레스토랑을 소개해 주십시오.

❺ 이 근처에 일본[한국]음식점은 있습니까?

❻ 또 다른 식당은 없습니까?

❼ 오늘밤[내일 밤]7시에 예약하고 싶습니다만.

❽ 2명[3명]입니다. (※ p.208 숫자표현 참조)

❾ 오늘밤 7시에 예약한 '홍' 입니다만, 30분 정도 늦겠습니다.

❿ 오늘밤 7시 예약을 취소해 주십시오.

① 코노치카쿠니 쇼쿠지노 데키루 토코로와 아리마스까
この近くに 食事の できる ところは ありますか。

② 야스쿠테 오이시이 오미세오 쇼오카이 시테쿠다사이
安くて、おいしい お店を 紹介 してください。

③ 코노치카쿠니 아마리타카쿠나이 레스토랑와 아리마셍까
この近くに あまり高くない レストランは ありませんか。

④ 훙이키노 이이 레스토랑오 쇼오카이 시테쿠다사이
雰囲気の いい レストランを 紹介 してください。

⑤ 코노치카쿠니 니혼〔캉코쿠〕료오리노 오미세와 아리마스까
この近くに 日本〔韓国〕料理の お店は ありますか。

⑥ 못토 호카노미세와 아리마셍까
もっと 他の店は ありませんか。

⑦ 콤방〔묘오방〕시치지니 요야쿠오 시타이노데스가
今晩〔明晩〕7時に 予約を したいのですが。

⑧ 후타리〔산닝〕데스
二人〔三人〕です。

⑨ 콤방노 시치지니 요야쿠시타 '홍' 데스가 산줍풍호도 오쿠레마스
今晩の 7時に 予約した ホンですが、30分ほど 遅れます。

⑩ 콤방 시치지노 요야쿠오 토리케시테 쿠다사이
今晩 7時の 予約を 取り消して ください。

주문이나 요구사항이 있을 때 1

① 미안합니다. 주문 부탁합니다.

② 메뉴를 보고 싶습니다만.

③ 이것은 어떤 요리입니까?

④ 이 식당의 [오늘의] 추천 요리는 무엇입니까?

⑤ 가장 빨리 되는 요리는 무엇입니까?

⑥ 돼지 [닭 / 소] 고기가 들어가지 않은 요리는 어느 것입니까?

⑦ 이것 [그것] 을 부탁합니다.

⑧ 700엔 정식 [런치 세트] 을 부탁합니다.
(※ p.206 숫자표현 참조)

⑨ [레어 / 미디움 / 웰던] 으로 부탁합니다.

⑩ 계란 프라이 [계란 스크램블 / 삶은 계란] 로 해 주세요.

① 스미마셍 추우몽오 오네가이시마스
すみません。注文を お願いします。

② 메뉴우오 미타이노 데스가
メニューを 見たいの ですが。

③ 코레와 돈나 료오리 데스까
これは どんな 料理ですか。

④ 코노 오미세노 〔쿄오노〕오스스메 료오리와 난데스까
このお店の〔今日の〕おすすめ料理は何ですか。

⑤ 이치방 하야쿠데키루 료오리와 난데스까
一番 早くできる 料理は なんですか。

⑥ 부타[토리/규우]니쿠오 츠캇테나이 료오리와 도레데스까
豚〔鳥/牛〕肉を 使ってない 料理は どれですか。

⑦ 코레〔소레〕오 오네가이시마스
これ〔それ〕をお願いします。

⑧ 나나햐쿠엔노 테에쇼쿠〔란치셋토〕오 오네가이시마스
700円の 定食〔ランチセット〕を お願いします。

⑨ 레아〔미디아무/웨루단〕데 오네가이시마스
レア〔ミディアム/ウェルダン〕で お願いします。

⑩ 메다마야키〔이리타마고/유데타마고〕니 시테쿠다사이
目玉焼き〔いり玉子/ゆで玉子〕に してください。

주문이나 요구사항이 있을 때 2

① 디저트는 무엇이 있습니까?

② 미안합니다. 주문을 변경하고 싶습니다만.

③ 이것은 주문하지 않았습니다.

④ 젓가락〔 포크 / 나이프 / 물수건 〕을 주시겠습니까?

⑤ 물〔 소금 / 후추 / 간장 〕을 주시겠습니까?

⑥ 커피를 두 잔 주십시오.

⑦ 맥주 한 병과 컵 2개 부탁합니다.

⑧ 위스키〔 칵테일 〕를 한 잔 주십시오.

⑨ 샐러드가 아직 안 나왔습니다.

⑩ 내가 주문한 요리는 아직 더 기다려야 합니까?

❶ 데자아토와 나니가 아리마스까
デザートは 何が ありますか。

❷ 스미마셍 추우몽오 카에타이노 데스가
すみません、注文を 変えたいの ですが。

❸ 코레와 추우몽 시테이마셍
これは 注文 していません。

❹ 하시〔훠어쿠 / 나이후 / 오시보리〕오 이타다케마스까
はし〔フォーク / ナイフ / おしぼり〕を いただけますか。

❺ 오미즈〔시오 / 코쇼 / 쇼오유〕오 이타다케마스까
お水〔塩 / こしょう / しょうゆ〕を いただけますか。

❻ 코오히이오 니하이 쿠다사이
コーヒーを 二杯 ください。

❼ 비이루오 입폰토 구라스오 니코 오네가이시마스
ビールを 一本と グラスを 二個 お願いします。

❽ 미즈와리〔카쿠테루〕오 입파이 쿠다사이
水割り〔カクテル〕を 一杯 ください。

❾ 사라다가 마다 키테이마셍
サラダが まだ 来ていません。

❿ 와타시노 료오리와 마다데쇼오까
私の 料理は まだでしょうか。

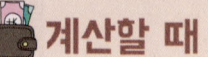 계산할 때

① 실례합니다. 계산서를 부탁합니다.

② 계산은 여기서 지불하는 것입니까?

③ 그렇지 않으면 카운터에서 계산합니까?

④ 얼마입니까?

⑤ 이 카드는 사용할 수 있습니까?

⑥ 이 가게는 서비스료[세금]를 받습니까?

⑦ 이것은 계산이 틀리지 않습니까?

⑧ 계산서 내용을 설명해 주시겠습니까?

⑨ 더치 페이 하고 싶습니다만.

⑩ 간이영수증이 아닌 정식 영수증을 주시겠습니까?

Track-19

① 스미마셍 오칸조오오 오네가이시마스
すみません。お勘定を お願いします。

② 오칸죠오와 코코데 오시하라이 스루노데스까
お勘定は ここで お支払い するのですか。

③ 소레토모 레지데 케에상 스루노데스까
それとも、レジで 計算 するのですか。

④ 오이쿠라데스까
おいくらですか。

⑤ 코노 카아도와 츠카에마스까
この カードは 使えますか。

⑥ 코노 오미세와 사아비스료오〔제에킹〕오 토리마스까
この お店は サービス料〔税金〕を とりますか。

⑦ 코레와 케에상가 치갓테 이마셍까
これは 計算が 違って いませんか。

⑧ 오칸죠오노 나이요오오 세츠메에시테 이타다케마스까
お勘定の 内容を 説明して いただけますか。

⑨ 와리칸데 시하라이 타이노데스가
割り勘で 支払い たいのですが。

⑩ 레시이토데와 나쿠 세에시키나 료오슈우쇼오 이타다케마스까
レシートでは なく、正式な 領収書を いただけますか。

알짜 여행 TIP 5

쇼핑은 어디서?

백화점
고급 브랜드를 중심으로 번화가에 위치한 상점으로 다이마루, 이세탄, 미쓰코시 등이 있습니다.

쇼핑몰
고급 브랜드와 중저가 브랜드가 자리잡으며 문화시설등과 같이 있는 종합 쇼핑몰

드럭스토어
드럭스토어는 일본의 다양한 상품을 구매하기 위해 관광객들이 많이 찾는 곳입니다.

100엔숍
한국의 1000원샵과 같은 곳으로, 저렴하고 다양한 물건이 준비되어있다. 단, 소비세가 있기 때문에 108엔(2017년 기준)을 지불해야 합니다.

아케이드
중소규모 상점들이 늘어서 있는 아케이드에서는 일본 특유의 상가문화를 엿볼 수 있습니다.

편의점
일본편의점에는 다양한 도시락과 디저트, 먹을거리가 있어 한끼 정도는 편의점에서 해결하는 것도 좋습니다.

Chapter 5
쇼핑

✿ 쇼핑 장소를 물색할 때

✿ 쇼핑할 때

✿ 구입 · 지불할 때

쇼핑 장소를 물색할 때

❶ 이 근처에 상가는 없습니까?

❷ 이 근처에 슈퍼는 없습니까?

❸ 이 근처에 편의점은 없습니까?

❹ 이 마을의 공예품을 살 수 있는 상점을 알려 주십시오.

❺ 이 마을의 특산물을 살 수 있는 상점을 알려 주십시오.

❻ 이 근처에 좋은 물건을 싸게 살 수 있는 가게는 없습니까?

❼ 이 근처에 카메라가 싼 가게는 없습니까?

❽ 이 근처에 시계가 싼 가게는 없습니까?

❾ 이 근처에 할인매장은 없습니까?

❿ 미안합니다만, 지도를 그려 주시지 않겠습니까?

❶ 코노치카쿠니 쇼오텡가이와 아리마셍까
この近くに 商店街は ありませんか。

❷ 코노치카쿠니 스으파아와 아리마셍까
この近くに スーパーは ありませんか。

❸ 코노치카쿠니 콤비니와 아리마셍까
この近くに コンビニは ありませんか。

❹ 코노마치노 코오게에힝오 카에루 오미세오 오시에테쿠다사이
この町の 工芸品を 買える お店を 教えてください。

❺ 코노마치노 토쿠상힝오 카에루 오미세오 오시에테쿠다사이
この町の 特産品を 買える お店を 教えてください。

❻ 코노치카쿠데 요이시나모노오 야스쿠카에루 오미세와 아리마셍까
この近くで、よい品物を、安く買える お店は ありませんか。

❼ 코노치카쿠니 카메라노 야스이 오미세와 아리마셍까
この近くに カメラの 安い お店は ありませんか。

❽ 코노치카쿠니 토케에노 야스이 오미세와 아리마셍까
この近くに 時計の 安い お店は ありませんか。

❾ 코노치카쿠니 디스카운토 숍푸와 아리마셍까
この近くに、ディスカウント・ショップは ありませんか。

❿ 스미마셍가 치즈오 카이테 쿠다사이마셍까
すみませんが、地図を 書いて くださいませんか。

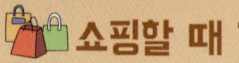 **쇼핑할 때 1**

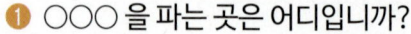

❶ ○○○ 을 파는 곳은 어디입니까?

❷ 이곳은 ○○○ 을 판매하고 있습니까?

❸ ○○○ 을 보고 싶습니다만.

❹ 그냥 보고 있는 것입니다.

❺ 이것〔 그것 / 저것 〕을 보여 주시겠습니까?

❻ 만져 봐도 됩니까?

❼ 이 상품〔 제품 〕은 이것이 전부입니까?

❽ 다른 디자인은 없습니까?

❾ 다른 것도 보여 주십시오.

❿ 다른 메이커의 것도 보여 주십시오.

Track-21

❶ 〇〇〇 노 우리바와 도코데스까
〇〇〇の 売り場は どこですか。

❷ 코코와 〇〇〇 오 오이테 이마스까
ここは 〇〇〇を 置いて いますか。

❸ 〇〇〇 오 미타이노 데스가
〇〇〇を 見たいの ですが。

❹ 타다 미테이루 다케데스
ただ 見ている だけです。

❺ 코레 〔 소레 / 아레 〕오 미세테쿠레마셍까
これ〔それ/あれ〕を 見せて くれませんか。

❻ 테니톳테 미테모 이이데스까
手に とって みても いいですか。

❼ 코노 쇼오힝〔 세에힝 〕와 코레다케데스까
この 商品〔製品〕は これだけですか。

❽ 호카노 데자잉와 아리마셍까
他の デザインは ありませんか。

❾ 호카노모 미세테 쿠다사이
他のも 見せて ください。

❿ 호카노 메에카아노모 미세테 쿠다사이
他の メーカーのも 見せて ください。

쇼핑할 때 2

① 좀 더 비싼[싼]것을 보여 주십시오.

② 이것은 최신형입니까?

③ 이것은 일제입니까?

④ 이것은 진짜[오리지널]입니까?

⑤ 이것은 금입니까? 도금입니까?

⑥ 이것은 어느 나라[메이커]것입니까?

⑦ 한국에서도 애프터 서비스를 받을 수 있습니까?

⑧ 입어 봐도 됩니까?

⑨ 사이즈를 재 주시겠습니까?

⑩ 더 화려[수수]한 색은 없습니까?

Track-22

① 못토 타카이〔야스이〕노오 미세테쿠다사이
もっと 高い〔安い〕のを 見せてください。

② 코레와 사이싱가타데스까
これは 最新型ですか。

③ 코레와 니홍세에데스까
これは 日本製ですか。

④ 코레와 홈모노〔오리지나루〕데스까
これは 本物〔オリジナル〕ですか。

⑤ 코레와 킹데스까 멕키데스까
これは 金ですか、メッキですか。

⑥ 코레와 도코노 쿠니〔메에카아〕노 모노데스까
これは どこの国〔メーカー〕のものですか。

⑦ 캉코쿠데모 아후타아사아비스오 우케라레 마스까
韓国でも アフターサービスを 受けられ ますか。

⑧ 시챠크 시테미테모 이이데스까
試着 してみても いいですか。

⑨ 사이즈오 하캇테 이타다케마셍까
サイズを 計って いただけませんか。

⑩ 못토 하데〔지미〕나 이로와 아리마셍까
もっと 派手〔地味〕な 色は ありませんか。

쇼핑할 때 3

① 다른 색[타입]은 없습니까?

② 더 큰[작은]것은 없습니까?

③ 너무 커[작아]요.

④ 너무 길어[짧아]요

⑤ 너무 꽉 껴[헐렁해]요.

⑥ 딱 알맞습니다.

⑦ 예산이 조금 모자랍니다.

⑧ 조금 깎아 주시겠습니까?

⑨ 특가품 전단지는 없습니까?

⑩ 엘리베이터[에스컬레이터]는 어디입니까?

Track-23

① 호카노 이로〔타이프〕와 아리마셍까
他の色〔タイプ〕は ありませんか。

② 못토 오오키이〔치이사이〕노와 아리마셍까
もっと 大きい〔小さい〕のは ありませんか。

③ 오오키〔치이사〕스기마스
大き〔小さ〕すぎます。

④ 나가〔미지카〕스기마스
長〔短か〕すぎます。

⑤ 키츠〔유루〕스기마스
きつ〔ゆる〕すぎます。

⑥ 초오도 이이데스
ちょうどいいです。

⑦ 요상가 스코시 타리마셍
予算が 少し たりません。

⑧ 스코시 마케테 쿠다사이마셍까
少し まけて くださいませんか。

⑨ 톡카힌노 치라시와 아리마셍까
特価品の チラシは ありませんか。

⑩ 에레베에타아〔에스카레에타아〕와 도코데스까
エレベーター〔エスカレーター〕は どこですか。

구입·지불할 때

① 그러면 이것[그것]을 주십시오. 얼마입니까?

② 이 카드로 해 주시겠습니까?

③ 예쁘게[선물용으로]포장해 주십시오.

④ 따로따로 포장해 주십시오.

⑤ 리본도 달아 주십시오.

⑥ [큰]쇼핑백에 넣어 주십시오.

⑦ 이 주소로 보내 주시겠습니까?

⑧ 한국까지 보내 줄 수 있습니까?

⑨ 거스름돈을 아직 받지 못했습니다.

⑩ 계산이 틀리지 않습니까?

Track-24

❶ 데와 코레〔소레〕오 쿠다사이 오이쿠라데스까
では、これ〔それ〕をください。おいくらですか。

❷ 코노 카아도데 오네가이 데키마스까
このカードでお願いできますか。

❸ 키레이〔오쿠리모노 요오〕니 호오소오 시테쿠다사이
きれい〔贈り物用〕に包装してください。

❹ 베츠베츠니 호오소오 시테쿠다사이
別々に包装してください。

❺ 리봉모 카케테 쿠다사이
リボンもかけてください。

❻ 〔오오키메노〕테사게부쿠로니 이레테쿠다사이
〔大きめの〕手さげぶくろに入れてください。

❼ 코노 주우쇼마데 오쿳테 모라에마스까
この住所まで送ってもらえますか。

❽ 캉코쿠마데 오쿠루코토와 데키마스까
韓国まで送ることはできますか。

❾ 오츠리오 마다 모랏테마셍
おつりを、まだもらってません。

❿ 케에상가 치갓테 이마셍까
計算が違っていませんか。

알짜 여행 TIP 6

전통과 풍습이 살아있는 축제 '마쓰리'

©JNTO

간다마쓰리 (5월 중순)

기온마쓰리 (7월)

덴진마쓰리 (7월 24일~ 7월 25일)

네부타마쓰리 (8월 2일~8월 7일)

칸토마쓰리 (8월3일~8월 6일)

유키마쓰리 (2월 초)

풍작, 사업번창, 무병장수 등을 기원하며 제사를 지내는 의식인 '마쓰리'는 일본을 대표하는 축제입니다. 목적이나 규모, 지역에 따라서 다양한 형태로 개최되며 전국에 걸쳐 거의 일년 내내 열립니다. 일본의 3대 마쓰리인 도쿄의 간다마쓰리, 교토의 기온마쓰리, 오사카의 덴진 마쓰리 외에도 아오모리의 네부타 마쓰리, 아키타의 칸토마쓰리, 삿포로의 유키마쓰리도 유명합니다.

Chapter 6
관광

🌸 투어버스를 신청할 때
🌸 미술관 · 박물관을 관람할 때
🌸 관광명소를 방문할 때
🌸 사진촬영을 할 때

투어버스를 신청할 때 1

❶ 관광안내소는 어디입니까?

❷ 한국어로 된 관광안내서가 있습니까?

❸ 한국어로 된 마을 지도가 있습니까?

❹ 관광투어에는 어떤 코스가 있습니까?

❺ 시내 관광투어는 있습니까?

❻ ○○○를 도는 투어는 있습니까?

❼ 반나절[밤]투어는 있습니까?

❽ 오전[오후]투어는 있습니까?

❾ 몇 시간 정도 걸리는 투어입니까?

❿ 대체로 어떤 곳을 구경합니까?

❶ 캉코오 안나이조와 도코데스까
観光案内所は どこですか。

❷ 캉코쿠고노 캉코오 안나이쇼와 아리마스까
韓国語の 観光案内書は ありますか。

❸ 캉코쿠고노 마치노치즈와 아리마스까
韓国語の 町の 地図は ありますか。

❹ 캉코오 츠아아니와 돈나 코오스가 아리마스까
観光ツアーには どんな コースが ありますか。

❺ 시나이 캉코오노 츠아아와 아리마스까
市内観光の ツアーは ありますか。

❻ ○○○ 오 마와루 츠아아와 아리마스까
○○○を 回る ツアーは ありますか。

❼ 한니치 [요루] 노 츠아아와 아리마스까
半日〔夜〕の ツアーは ありますか。

❽ 고젠 [고고] 노 츠아아와 아리마스까
午前〔午後〕の ツアーは ありますか。

❾ 난지칸 구라이노 츠아아 데스까
何時間ぐらいの ツアーですか。

❿ 다이타이 돈나 토코로오 켐부츠 스루노데스까
だいたい どんな ところを 見物するのですか。

투어버스를 신청할 때 2

① 그밖에는 어떤 투어가 있습니까?

② 설명이 한국어로 된 투어는 있습니까?

③ 설명이 영어로 된 투어는 있습니까?

④ 버스는 몇 시에 출발합니까?

⑤ 버스는 어디에서 출발합니까?

⑥ 몇 시에 돌아옵니까?

⑦ 이[그]코스는 얼마입니까?

⑧ 여기서 예약할 수 있습니까?

⑨ 식사요금은 포함되어 있습니까?

⑩ 포함되어 있지 않은 것은 어떤 요금입니까?

① 호카니와 돈나츠아아가 아리마스까
他には どんな ツアーが ありますか。

② 세츠메에가 캉코쿠고노 츠아아와 아리마스까
説明が 韓国語の ツアーは ありますか。

③ 세츠메에가 에에고노 츠아아와 아리마스까
説明が 英語の ツアーは ありますか。

④ 바스와 난지니 데마스까
バスは 何時に 出ますか。

⑤ 바스와 도코카라 데마스까
バスは どこから 出ますか。

⑥ 난지니 카엣테 쿠루노데스까
何時に 帰って 来るのですか。

⑦ 코노 [소노] 코오스와 이쿠라데스까
この〔その〕コースは いくらですか。

⑧ 코코데 요야쿠가 데키마스까
ここで 予約が できますか。

⑨ 쇼쿠지다이와 하잇테 이마스까
食事代は 入って いますか。

⑩ 후쿠마레테 이나이노와 난노 료오킹데스까
含まれて いないのは 何の 料金ですか。

미술관・박물관을 관람할 때

❶ 어떤 것을 전시하고 있습니까?

❷ 영어[한국어]안내서는 있습니까?

❸ 어른[어린이]요금은 얼마입니까?

❹ 전부 관람하는 데 시간이 어느 정도 걸립니까?

❺ 폐관 시간은 몇 시입니까?

❻ 훌륭하[멋있]군요.

❼ 어느 시대의 작품입니까?

❽ 이 작가는 누구입니까?

❾ 이 설명에는 어떤 내용이 쓰여 있습니까?

❿ 이곳은 사진 촬영 금지 입니까?

① 도오유우 모노오 텐지시테 이마스까
どういう ものを 展示して いますか。

② 에에고〔캉코쿠고〕노 안나이쇼가 아리마스까
英語〔韓国語〕の 案内書が ありますか。

③ 오토나〔코도모〕료오킹와 이쿠라데스까
大人〔子供〕料金は いくらですか。

④ 젬부 미루노니 도레쿠라이 지캉가 카카리마스까
全部 見るのに どれくらい 時間が かかりますか。

⑤ 헤에캉노 지캉와 난지데스까
閉館の 時間は 何時ですか。

⑥ 미고토〔스바라시이〕데스네
みごと〔すばらしい〕ですね。

⑦ 이츠고로노 사쿠힝데스까
いつごろの 作品ですか。

⑧ 코노 삭샤와 난토이우 히토데스까
この 作者は 何という 人ですか。

⑨ 코노 세츠메에니와 돈나코토가 카이테 아루노데스까
この 説明には どんな 事が 書いて あるのですか。

⑩ 코코와 샤싱 사츠에에와 킹시데스까
ここは 写真 撮影は 禁止ですか。

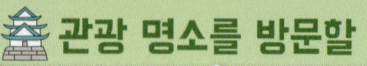 관광 명소를 방문할 때

① 이 건물은 어느 시대 것입니까?

② 이것〔 여기 〕에 대해 설명해 주시지 않겠습니까?

③ 여기 볼 만한 곳을 알려 주십시오.

④ 이 앞쪽에는 무엇이 있습니까?

⑤ 유람선〔 케이블카 〕타는 곳은 어디입니까?

⑥ 근처에 커피숍〔 식당 〕은 없습니까?

⑦ 토산품점은 어디입니까?

⑧ 화장실은 어디입니까?

⑨ 버스는 몇 시에 옵니까?

⑩ 몇 시까지 집합하면 됩니까?

Track-28

❶ 코노 타테모노와 이츠고로노 모노데스까
この建物はいつ頃のものですか。

❷ 코레〔코코〕니 츠이테 세츠메에시테 쿠다사이마셍카
これ〔ここ〕について 説明してくださいませんか。

❸ 코코노 미도코로오 오시에테 쿠다사이
ここの 見所を 教えて ください。

❹ 코노 사키니와 나니가 아리마스까
この 先には 何が ありますか。

❺ 유우랑센〔로오프웨에〕노 노리바와 도코데스까
遊覧船〔ロープウェー〕の乗り場はどこですか。

❻ 치카쿠니 킷사텡〔쇼쿠도오〕와 아리마셍까
近くに 喫茶店〔食堂〕はありませんか。

❼ 오미야게야상와 도코데스까
おみやげ屋さんは どこですか。

❽ 토이레와 도코데스까
トイレは どこですか。

❾ 바스와 난지니 키마스까
バスは 何時に 来ますか。

❿ 난지마데니 슈우고오 스레바 이이노데스까
何時までに 集合 すれば いいのですか。

📷 사진촬영을 할 때

① 여기에서 사진을 찍어도 됩니까?

② 플래시를 사용해도 됩니까?

③ 이곳[관내]에서의 촬영은 금지입니까?

④ 미안합니다만, 사진을 찍어 주시지 않겠습니까?

⑤ 여기를 누르기만 하면 됩니다. 부탁합니다.

⑥ 미안합니다. 1장 더 부탁합니다.

⑦ 대단히 감사합니다.

⑧ 괜찮으시다면 함께 찍지 않겠습니까?

⑨ 사진이 나오면 보내 드리겠습니다.

⑩ 여기에 이름과 주소를 써 주시지 않겠습니까?

Track-29

❶ 코코데 샤싱오 톳테모 이이데스까
ここで 写真を 撮っても いいですか。

❷ 스토로보오 타이테모 이이데스까
ストロボを たいても いいですか。

❸ 코코 〔 칸나이 〕데노 사츠에에와 킹시데스까
ここ 〔 館内 〕での 撮影は 禁止ですか。

❹ 스미마셍가 샤싱오 톳테 쿠다사이마셍까
すみませんが、写真を 撮って くださいませんか。

❺ 코코오 오스다케데스 오네가이시마스
ここを 押すだけです。お願いします。

❻ 스미마셍 모오이치마이 오네가이시마스
すみません。もう一枚 お願いします。

❼ 도오모 아리가토오 고자이마시타
どうも ありがとう ございました。

❽ 요로시 캇타라 잇쇼니 토리마셍까
よろしかったら、一緒に 撮りませんか。

❾ 샤싱가 데키타라 오오쿠리시마스
写真ができたら、お送りします。

❿ 코코니 오나마에토 주우쇼오 카이테 쿠다사이마셍까
ここに お名前と 住所を 書いて くださいませんか。

알짜 여행 TIP 7

일본의 벚꽃명소 TOP8

1위 도쿄 메구로강(東京 目黒川)
약 3.8km의 강가 주위로 꽃을 피우고 있는 800그루의 벚나무가 장관을 이루는 곳입니다.

2위 교토 다이고지(京都 醍醐寺)
예로부터 유명한 벚꽃 명소이며, 도요토미 히데요시가 꽃구경 행사를 주최하기도 했던 곳입니다.

3위 도쿄 스미다공원(東京 隅田公園)
약 1km에 걸쳐 벚꽃 가로수가 심어져 있고, 스카이트리와 벚꽃을 함께 볼 수 있는 곳입니다.

4위 시즈오카 이즈고원(静岡 伊豆高原)
총 3km의 벚꽃터널을 즐길 수 있는 곳입니다. 벚꽃시즌이 아닐 때에도 인기 있는 관광지입니다.

5위 나가노 타카토조시공원(長野 高遠城址公園)
다른 곳의 벚꽃에 비해 붉고 작은 꽃잎이 특징인 이곳은 일본 벚꽃 3대 명소 중 하나입니다.

6위 도쿄 리쿠기엔(東京 六義園)
연분홍색 꽃이 폭포수처럼 피어있는 모습의 수양벚나무가 유명한 곳입니다.

Chapter 7
레저·초대

🌸 연극·영화·쇼를 관람할 때
🌸 주점·클럽을 이용할 때
🌸 풀·테니스·골프장을 이용할 때
🌸 일본 가정을 방문할 때

연극·영화·쇼를 관람할 때

❶ 전통예능〔일본영화 / 이 쇼〕이 보고 싶습니다만.

❷ 안내소 등이 있습니까?

❸ 여기서 예약할 수 있습니까?

❹ 표는 어디서 사면 됩니까?

❺ 어디서 상영〔상연〕하고 있습니까?

❻ 무엇을 상영〔상연〕하고 있습니까?

❼ 몇 시부터 시작됩니까?

❽ 몇 시에 끝납니까?

❾ 다음 공연은 몇 시부터입니까?

❿ 이 좌석은 어디입니까?

Track-30

① 덴토오게에노오[니혼노에에가 / 코노쇼오]가 미타이노데스가
伝統芸能〔日本の映画 / このショー〕が 見たいのですが。

② 안나이조 나도와 아리마스까
案内所などは ありますか。

③ 코코데 요야쿠가 데키마스까
ここで 予約が できますか。

④ 킵푸와 도코데 카에바 이이노데스까
切符は どこで 買えば いいのですか。

⑤ 도코데 조오에에〔조오엥〕시테이마스까
どこで 上映〔上演〕して いますか。

⑥ 나니오 조오에에〔조오엥〕시테이마스까
何を 上映〔上演〕して いますか。

⑦ 난지카라 하지마리마스까
何時から 始まりますか。

⑧ 난지니 오와리마스까
何時に 終わりますか。

⑨ 츠기노 코오엥와 난지카라 데스까
次の 公演は 何時から ですか。

⑩ 고노 자세키와 도코데스까
この 座席は どこですか。

주점·클럽을 이용할 때 1

① 이 근처에 클럽[번화가]이 있습니까?

② 입장료는 얼마입니까?

③ 음료[음식]값은 별도입니까?

④ 실례합니다만, 함께 춤추지 않겠습니까?

⑤ 싸고 맛있게 마실 수 있는 가게를 알려 주십시오.

⑥ 이 근처에 이자카야[닭꼬치구이 가게]는 없습니까?

⑦ 이 호텔에는 나이트클럽[바]이 있습니까?

⑧ 요금표를 보여 주십시오.

⑨ 사진이 있는 메뉴는 없습니까?

⑩ 이것과 이것과 이것을 주십시오.

Track-31

① 코노 치카쿠니 쿠라부〔항카가이〕와 아리마스까
この 近くに クラブ〔繁華街〕は ありますか。

② 뉴우조오료오와 이쿠라데스까
入場料は いくらですか。

③ 도링쿠〔후우도〕다이와 베츠데스까
ドリンク〔フード〕代は 別ですか。

④ 스미마셍가 잇쇼니 오돗테 쿠다사이마셍까
すみませんが、一緒に 踊って くださいませんか。

⑤ 야스쿠테 오이시쿠 노메루 미세오 오시에테 쿠다사이
安くて、おいしく 飲める 店を 教えてください。

⑥ 코노 치카쿠니 이자카야〔야키토리야〕와 아리마셍까
この 近くに 居酒屋〔焼き鳥屋〕は ありませんか。

⑦ 코노 호테루니와 나이토쿠라부〔바아〕가 아리마스까
この ホテルには ナイトクラブ〔バー〕が ありますか。

⑧ 료오킹효오 미세테 쿠다사이
料金表を 見せて ください。

⑨ 샤싱노 츠이타 메뉴우와 아리마셍까
写真の ついた メニューは ありませんか。

⑩ 코레토 코레토 코레오 오네가이시마스
これと、これと、これを、お願いします。

주점·클럽을 이용할 때 2

❶ 이 일본 전통주을 한 병 주십시오.　　(※ p.210 숫자표현 참조)

❷ 이 맥주를 두 병 주십시오.

❸ 이 소주를 한 병 주십시오.

❹ 이 위스키를 한 병 주십시오.

❺ 이 일본 전통주를 한 잔 주십시오.

❻ 이 소주를 한 잔 주십시오.

❼ 이 탄산 소주를 한 잔 주십시오.

❽ 물에 희석한 위스키를 한 잔 주십시오.

❾ 위스키를 스트레이트로 한 잔 주십시오.

❿ 이 칵테일을 한 잔 주십시오.

Track-32

① 코노 니홍슈오 입퐁 쿠다사이
この 日本酒を 一本 ください。

② 코노 비이루오 니홍 쿠다사이
この ビールを 二本 ください。

③ 코노 쇼오추우오 입퐁 쿠다사이
この 焼酎を 一本 ください。

④ 코노 우이스키이오 입퐁 쿠다사이
この ウィスキーを 一本 ください。

⑤ 코노 니홍슈오 입파이 쿠다사이
この 日本酒を 一杯 ください。

⑥ 코노 쇼오추우오 입파이 쿠다사이
この 焼酎を 一杯 ください。

⑦ 코노 추우하이오 입파이 쿠다사이
この 酎杯を 一杯 ください。

⑧ 우이스키이노 미즈와리오 입파이 쿠다사이
ウィスキーの 水割を 一杯 ください。

⑨ 우이스키이노 스토레에토오 입파이 쿠다사이
ウィスキーの ストレートを 一杯 ください。

⑩ 코노 카쿠테루오 입파이 쿠다사이
この カクテルを 一杯 ください。

풀·테니스·골프장을 이용할 때

❶ 이 호텔에 골프〔 테니스 / 수영장 〕시설은 있습니까?

❷ 이 근처에 골프〔 테니스 / 수영장 〕시설은 있습니까?

❸ 골프〔 테니스 / 수영장 〕의 요금은 얼마입니까?

❹ 한국어〔 영어 〕로 된 안내서는 있습니까?

❺ 여기서 예약할 수 있습니까?

❻ 골프채〔 라켓 〕도 빌릴 수 있습니까?

❼ 신발〔 수영복 〕도 빌릴 수 있습니까?

❽ 그 외에 어떤 스포츠 시설이 있습니까?

❾ 그곳은 여기서 가깝습니까?

❿ 그곳은 여기서 어떻게 가면 됩니까?

① 코노 호테루니 고루후[테니스 / 푸우루]노 시세츠와 아리마스까
このホテルに ゴルフ〔テニス / プール〕の 施設は ありますか。

② 코노치카쿠니 고루후[테니스 / 푸우루]노 시세츠와 아리마스까
この近くに ゴルフ〔テニス / プール〕の 施設は ありますか。

③ 고루후[테니스 / 푸우루]노 료오킹와 이쿠라데스까
ゴルフ〔テニス / プール〕の 料金は いくらですか。

④ 캉코쿠고[에에고]노 안나이쇼와 아리마스까
韓国語〔英語〕の 案内書は ありますか。

⑤ 코코데 요야쿠가 데키마스까
ここで 予約が できますか。

⑥ 쿠라부[라켓토]모 카시테 모라에마스까
クラブ〔ラケット〕も 貸して もらえますか。

⑦ 쿠츠[미즈기]모 카시테 모라에마스까
くつ〔水着〕も 貸して もらえますか。

⑧ 호카니 돈나 스포오츠노 시세츠가 아리마스까
ほかに どんな スポーツの 施設が ありますか。

⑨ 소코와 코코카라 치카이데스까
そこは、ここから 近いですか。

⑩ 소코와 코코카라 도오얏테 이케바 이이노 데쇼오까
そこは、ここから どうやって 行けば、いいの でしょうか。

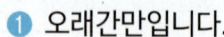 

① 오래간만입니다.

② 초대해 주셔서 정말 감사합니다.

③ 이것은 변변치 않습니다만, 한국에서 가져온 선물입니다. 받으십시오.

④ 좋은 집이군요.

⑤ 아주 멋있는 정원〔 방 〕이군요.

⑥ 아주 멋있는 그림〔 가구 〕이군요.

⑦ 아주 멋있는 장식품〔 족자 〕이군요.

⑧ 와! 매우 맛있어 보이는 요리군요.

⑨ 그럼 잘 먹겠습니다.

⑩ 이것은 무슨 요리입니까? 매우 맛있군요.

① **고부사타시테 오리마스**
ごぶさたしております。

② **고쇼오타이 시테쿠다사리 혼토오니 아리가토오 고자이마시타**
ご招待して下さり、本当に ありがとう ございました。

③ **코레와 츠마라나이 모노데스가 캉코쿠노 오미야게데스 도오조**
これはつまらないものですが、韓国の おみやげです。どうぞ。

④ **이이 오스마이 데스네**
いい お住まい ですね。

⑤ **토테모 스테키나 오니와〔오헤야〕데스네**
とても 素敵な お庭〔お部屋〕ですね。

⑥ **토테모 스테키나 에〔카구〕데스네**
とても 素敵な 絵〔家具〕ですね。

⑦ **토테모 스테키나 오키모노〔카케지쿠〕데스네**
とても 素敵な 置物〔掛け軸〕ですね。

⑧ **와아 토테모 오이시소오나 료오리데스네**
わあ、とても おいしそうな 料理ですね。

⑨ **소레데와 이타다카사세테 이타다키마스**
それでは、いただかさせて 頂きます。

⑩ **코레와 난토유우 료오리데스까 토테모 오이시이데스네**
これは 何という 料理ですか。とても おいしいですね。

일본 가정을 방문할 때 2

❶ 더 주시겠습니까?

❷ 맛있게 잘 먹었습니다.

❸ 매우 맛있는 차군요.

❹ 매우 맛있는 과자군요.

❺ 이제 그만 가보겠습니다.

❻ 대단히 신세 많이 졌습니다.

❼ 정말로 즐거운 시간이었습니다.

❽ 서울에 오시면 부디 우리 집에도 들러 주십시오.

❾ 더욱 더 일본어를 공부해 두겠습니다.

❿ 한국에 돌아가면 감사의 편지를 보내 드리겠습니다.

Track-35

❶ 오카와리오 이타다이테모 요로시이데쇼오까
おかわりを いただいても よろしいでしょうか。

❷ 타이헹 오이시쿠 이타다키마시타
たいへん おいしく いただきました。

❸ 토테모 오이시이 오차데스네
とても おいしい お茶ですね。

❹ 토테모 오이시이 오카시데스네
とても おいしい お菓子ですね。

❺ 소로소로 시츠레에 사세테 이타다키마스
そろそろ 失礼させて いただきます。

❻ 타이헹 오세와니 나리마시타
たいへん お世話に なりました。

❼ 토테모 타노시이지캉오 스고사세테 이타다키마시타
とても 楽しい時間を 過させて いただきました。

❽ 소우루니 오코시노 사이니와 제히 우치니모 요라레테쿠다사이
ソウルに お越しの 際には、ぜひ うちにも 寄られてください。

❾ 못토 니홍고오 벵쿄오시테 오키마스
もっと 日本語を 勉強して おきます。

❿ 캉코쿠니 카엣타라 오레에노 오테가미오 오카키 이타시마스
韓国に 帰ったら、お礼の お手紙を お書き いたします。

알짜 여행 TIP 8

국제 전화 거는 법

한국에서 일본으로 걸 때

통신사별 국제전화번호 + 81 + 3-1234-5678
일본 국가번호   일반 전화 번호

통신사별 국제전화번호 + 81 + 70-1234-5678
일본 국가번호   휴대전화 번호

※ 지역번호나 휴대전화 번호의 제일 앞 0은 제외하고 누릅니다.

일본에서 한국으로 걸 때

통신사별 국제전화번호 + 82 + 2-1234-5678
한국 국가번호   일반 전화 번호

통신사별 국제전화번호 + 82 + 10-1234-5678
한국 국가번호   휴대전화 번호

※ 지역번호나 휴대전화 번호의 제일 앞 0은 제외하고 누릅니다.

Chapter 8
전화

🌼 국제 전화를 이용할 때

국제 전화를 이용할 때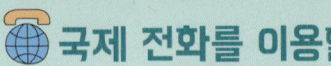

❶ ▷ 한국의 서울에 국제전화를 걸고 싶습니다만.

❷ ▶ 이름과 방 번호를 말씀해 주십시오.

❸ ▷ 김진수라고 합니다. 100호실입니다.

(※ p.206 숫자표현 참조)

❹ ▶ 몇 번에 거실 겁니까?

❺ ▶ 연결하겠습니다. 말씀하십시오.

❻ ▶ 통화중입니다. / 받지 않습니다.

❼ ▷ 그러면, 나중에 또 걸겠습니다.

❽ ▷ 좀 더 천천히 말씀해 주십시오.

❾ 국제전화를 할 수 있는 공중전화는 어디에 있습니까?

❿ 이 전화기로 국제전화를 걸 수 있습니까?

Track-36

❶ ▷ 캉코쿠노 소우루니 코쿠사이 뎅와오 카케타이노데스가
▷ 韓国の ソウルに 国際 電話を かけたいのですが。

❷ ▶ 오나마에토 루우무 남바아오 도오조
▶ お名前と ルーム ナンバーを どうぞ。

❸ ▷ 기무 진수토 이이마스 햐쿠고오시츠데스
▷ キム・ジンスと 言います。100号室です。

❹ ▶ 남방니 오카케시마스까
▶ 何番に おかけしますか。

❺ ▶ 오츠나기시마스 오하나시 쿠다사이
▶ おつなぎします。お話 ください。

❻ ▶ 오하나시추우데스 / 오데니나리마셍
▶ お話し中です。/ お出になりません。

❼ ▷ 데와 마타아토데 오카케시마스
▷ では、またあとで おかけします。

❽ ▷ 모오스코시 육쿠리 하나시테 쿠다사이
▷ もう少し、ゆっくり 話して ください。

❾ 코쿠사이 뎅와가 카케라레루 코오슈우 뎅와와 도코데스까
国際 電話が かけられる 公衆 電話は どこですか。

❿ 코노 뎅와데 코쿠사이 뎅와가 카케라레마스까
この 電話で 国際 電話が かけられますか。

알짜 여행 TIP 9

긴급 연락처

화재신고	119
범죄신고	110
여행자 정보센터(도쿄)	03-3201-3331
여행자 정보센터(교토)	075-371-5649
여행자 정보센터(간사이)	0724-56-6025
항공안내(하네다)	03-5757-8111
항공안내(나리타)	0476-34-5000
항공안내(간사이)	0724-3423-0111
주일 대한민국 대사관(도쿄)	03-3455-7611~9
삿포로 대한민국 총영사관	011-218-0288
센다이 대한민국 총영사관	022-221-2751/3
요코하마 대한민국 총영사관	045-621-5631/3
니가타 대한민국 총영사관	025-255-5555
나고야 대한민국 총영사관	052-586-9221/6
오사카 대한민국 총영사관	06-6213-1401/5
고베 대한민국 총영사관	078-221-4853/5
히로시마 대한민국 총영사관	082-568-0502~3
후쿠오카 대한민국 총영사관	092-771-0461
시모노세키 대한민국 명예총영사관	0832-31-3787
가고시마 대한민국 명예총영사관	0992-74-2358

Chapter 9
긴급상황

✿ 길을 잃었을 때
✿ 분실했을 때
✿ 도난 · 화재를 당했을 때
✿ 교통사고가 났을 때

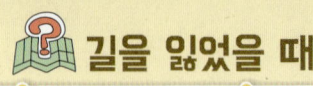 길을 잃었을 때

❶ 실례합니다. 이 근처에 파출소는 없습니까?

❷ 실례합니다. 길을 잃어버렸습니다만.

❸ 실례합니다만, 오오야마 여관은 어떻게 가면 됩니까?

❹ 정말 대단히 죄송합니다만.

❺ 영어와 한자를 써서 약도를 그려 주시지 않겠습니까?

❻ 근처까지 안내해 주시겠습니까?

❼ 아시는 곳까지 안내해 주시겠습니까?

❽ 실례합니다만, 우에노는 이쪽 방향입니까?

❾ 이 길로 곧장 가면 우에노역이 나옵니까?

❿ 우에노역까지 여기서부터 걸어서 몇 분 정도입니까?

Track-37

❶ 스미마셍 코노치카쿠니 코오방와 아리마셍까
すみません。この近くに 交番は ありませんか。

❷ 스미마셍 미치니마욧테 시맛타노데스가
すみません。道に迷って しまったのですが、

❸ 스미마셍가 오오야마 료캉와 도오 잇타라 요이 데쇼오까
すみませんが、大山 旅館は どう 行ったら よい でしょうか。

❹ 홍토오니 타이헹 모오시와케 나이노데스가
本当に、大変 申し訳 ないのですが、

❺ 에에고토 칸지오 츠캇테 랴쿠즈오 카이테 쿠다사이마셍까
英語と 漢字を 使って 略図を 書いて くださいませんか。

❻ 치카쿠마데 안나이시테 이타다케마셍까
近くまで 案内して いただけませんか。

❼ 와카루 토코로마데 안나이시테 이타다케마셍까
分かる ところまで 案内して いただけませんか。

❽ 스미마셍가 우에노와 코노 호오가쿠데스까
すみませんが、上野は この 方角ですか。

❾ 코노미치오 맛스구 이쿠토 우에노에키니 데마스까
この道を まっすぐ 行くと、上野駅に 出ますか。

❿ 우에노에키 마데 코코카라 아루이테 남풍구라이 데스까
上野駅まで、ここから 歩いて 何分ぐらい ですか。

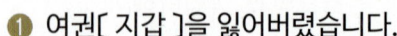

분실했을 때

❶ 여권〔 지갑 〕을 잃어버렸습니다.

❷ 경찰서〔 한국영사관 〕에 연락하고 싶습니다만.

❸ 경찰서〔 한국영사관 〕는 어디에 있습니까?

❹ 어디서 잃어버렸는지 모르겠습니다.

❺ 택시 안에 두고 내렸습니다.

❻ 아마 어딘가에 떨어뜨렸던 것 같습니다.

❼ 아마 어딘가에서 소매치기 당한 것이 아닌가 생각됩니다.

❽ 분실〔 도난 〕증명서를 작성하고 싶습니다만.

❾ 입국 확인서를 작성하고 싶습니다만.

❿ 찾으시면 여기 메모한 곳으로 연락해 주십시오.

Track-38

❶ 파스포오토〔사이후〕오 나쿠시마시타
パスポート〔財布〕を なくしました。

---

❷ 케이사츠쇼〔캉코쿠 료오지캉〕니 렌라쿠 시타이노데스가
警察署〔韓国領事館〕に 連絡したいのですが。

---

❸ 케이사츠쇼〔캉코쿠 료오지캉〕와 도코니 아리마스까
警察署〔韓国領事館〕は どこに ありますか。

---

❹ 도코데 나쿠시타노카 와카리마셍
どこで なくしたのか 分かりません。

---

❺ 타쿠시이노 나카니 오키와스레마시타
タクシーの なかに 置き忘れました。

---

❻ 타붕 도코카데 오토시타노다토 오모이마스
たぶん どこかで 落としたのだと 思います。

---

❼ 타붕 도코카데 스라레타노데와 나이카토 오모이마스
たぶん どこかで すられたのでは ないかと 思います。

---

❽ 훙시츠〔토오난〕쇼오메에쇼오 츠쿠리타이노데스가
紛失〔盗難〕証明書を、作りたいのですが。

---

❾ 뉴우코쿠 카쿠닝쇼오오 츠쿠리타이노데스가
入国 確認書を 作りたいのですが。

---

❿ 미츠캇다라 코노메모노 토코로니마데 고렌라쿠 쿠다사이
見つかったら、このメモの ところにまで ご連絡ください。

도난·화재를 당했을 때 1

❶ 화재입니다.

❷ 도둑입니다.

❸ 소매치기입니다.

❹ 날치기입니다.

❺ 누군가 도와주십시오.

❻ 저 녀석을 잡아 주십시오.

❼ 여보세요. 프런트입니까?

❽ 도둑이 들었습니다. 경찰을 불러 주십시오.

❾ 화재가 났습니다. 소방차를 불러 주십시오.

❿ 소화기는 어디있습니까?

Track-39

❶ 카지데스
火事です

❷ 도로보오데스
ドロボウです。

❸ 스리데스
すりです。

❹ 힛타쿠리데스
ひったくりです。

❺ 다레카 타스케테쿠다사이
だれか 助けてください。

❻ 아이츠오 츠카마에테쿠다사이
あいつを つかまえてください。

❼ 모시모시 후론토데스까
もしもし、フロントですか。

❽ 도로보오데스 케에사츠오 욘데쿠다사이
ドロボウです。警察を 呼んでください。

❾ 카지데스 쇼오보오샤오 욘데쿠다사이
火事です。消防車を 呼んでください。

❿ 쇼오카키와 도코데스까
消火器は どこですか。

도난·화재를 당했을 때 2

❶ 비상구는 어디입니까?

❷ 가장 가까운 경찰서까지 데려가 주십시오.

❸ 지갑을 도둑맞았습니다.

❹ 여권을 도둑맞았습니다.

❺ 가방을 날치기 당했습니다.

❻ 어떤 녀석인지 잘 기억이 안 납습니다.

❼ 목격자로서 증언해 주십시오.

❽ 목격자로서 함께 와 주십시오.

❾ 대사관에 연락해 주십시오.

❿ 한국어 할 수 있는 분을 불러 주십시오.

Track-40

❶ 히조오구치와 도코데스까
非常口(ひじょうぐち)は どこですか。

---

❷ 이치방치카이 케에사츠쇼 마데 츠레테잇테 쿠다사이
一番近(いちばんちか)い 警察署(けいさつしょ)まで 連(つ)れて行(い)って ください。

---

❸ 사이후우오 누스마레마시타
財布(さいふ)を 盗(ぬす)まれました。

---

❹ 파스포오토오 누스마레 마시타
パスポートを 盗(ぬす)まれました。

---

❺ 카방오 힛타쿠라레 마시타
カバンを ひったくられ ました。

---

❻ 돈나 야츠카 요쿠 오보에테 이마셍
どんな 奴(やつ)か よく 覚(おぼ)えて いません。

---

❼ 모쿠게키샤 토시테 쇼오겡 시테쿠다사이
目撃者(もくげきしゃ)として 証言(しょうげん)して ください。

---

❽ 모쿠게키샤 토시테 잇쇼니 키테쿠다사이
目撃者(もくげきしゃ)として 一緒(いっしょ)に 来(き)てください。

---

❾ 타이시칸니 렌라쿠시테 쿠다사이
大使館(たいしかん)に 連絡(れんらく)して ください。

---

❿ 캉코쿠고노 데키루카타오 욘데쿠다사이
韓国語(かんこくご)の できる 方(かた)を 呼(よ)んでください。

교통사고가 났을 때

❶ 교통사고를 당했습니다. 경찰을 불러 주십시오.

❷ [누가]구급차를 좀 불러 주십시오.

❸ 일본어를 못합니다. 경찰을 불러 주십시오.

❹ 한국어가 가능한 통역을 붙여 주십시오.

❺ 나에게는 잘못이 없습니다.

❻ 내 책임[과실]이 아닙니다.

❼ 대사[영사]관에 연락해 주십시오.

❽ 여기[이 사람]에 연락해 주시겠습니까?

❾ 차가 펑크 났습니다.

❿ 차가 고장이 나서 움직이지 않습니다.

Track-41

① 코오츠으지코니 아이마시타 케에사츠오 욘데쿠다사이
交通事故に 会いました。警察を 呼んでください。

② 〔다레카〕 큐우큐우샤오 욘데쿠다사이
〔だれか〕 救急車を 呼んでください。

③ 니홍고가 데키마셍 케에사츠오 욘데쿠다사이
日本語が できません。警察を 呼んでください。

④ 캉코쿠고노 데키루 츠으야쿠오 츠케테쿠다사이
韓国語の できる 通訳を つけてください。

⑤ 와타시와 와루쿠 아리마셍
私は 悪く ありません。

⑥ 와타시노 세키닝〔카시츠〕데와 아리마셍
私の 責任〔過失〕では ありません。

⑦ 타이시〔료오지〕칸니 렌라쿠시테쿠다사이
大使〔領事〕館に 連絡してください。

⑧ 코코〔코노히토〕니 렌라쿠시테 이타다케마스까
ここ〔この人〕に 連絡して いただけますか。

⑨ 쿠루마가 팡쿠시테 시마이마시타
車が パンクして しまいました。

⑩ 쿠루마가 코쇼오시테 우고키마셍
車が 故障して 動きません。

알짜 여행 TIP 10

일본여행 시 주의해야할 사항

일본은 우리나라와 달리 전압이 110V 이므로, 전용 어댑터(돼지코)를 꼭 챙겨 주세요.

일본은 신용카드 결제가 안 되는 곳이 많습니다. 필요한 여행 경비는 미리 환전해서 현금으로 가져 가도록 합시다.

일본 택시는 자동문으로 기사가 직접 뒷문을 열고 닫아줍니다. 직접 열고 닫지 않도록 합시다. (단 앞좌석은 수동입니다)

일본은 우리나라와 달리 자동차의 운전석이 오른쪽에 있고, 도로주행 방향도 반대인 좌측통행입니다.

일본 화장실에는 휴지통이 없습니다. 화장실에 비치된 휴지는 물에 녹기 때문에 사용 후 변기에 넣으면 됩니다.

일본은 우리나라와 달리 국, 밥, 반찬 모두 젓가락만을 이용해서 식사를 합니다. 단, 죽, 오므라이스, 카레라이스의 경우는 숟가락을 사용합니다.

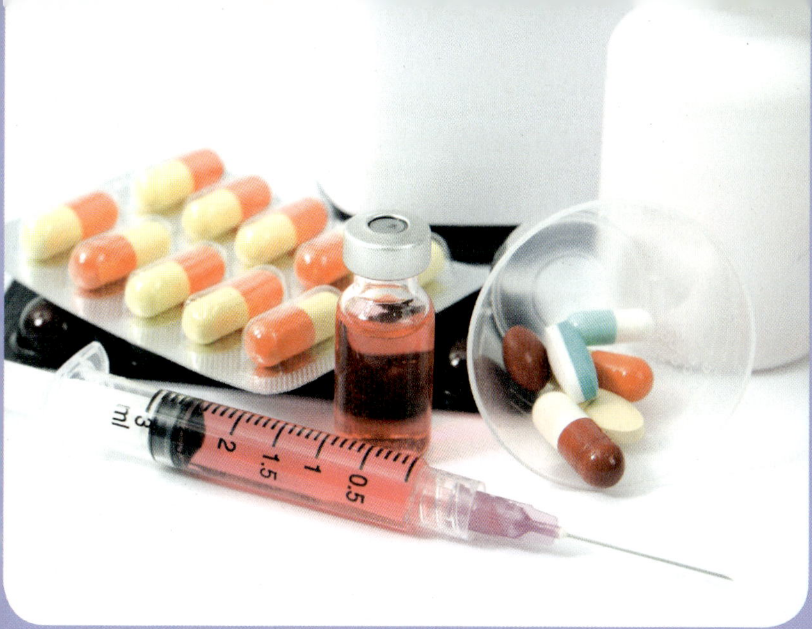

Chapter 10
질병

- 응급상황을 신고할 때
- 진찰을 받을 때
- 약국을 이용할 때

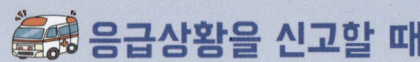

응급상황을 신고할 때

① 여보세요, 프런트입니까? 몸 상태가 좋지 않습니다.

② 배가 몹시 아픕니다.

③ 머리가 몹시 아픕니다.

④ 이가 몹시 아픕니다.

⑤ 상처가 났습니다.

⑥ 상처가 나서, 피가 멈추지 않습니다.

⑦ 응급차를 불러 주십시오.

⑧ 빨리 의사를 불러 주십시오.

⑨ 병원에 데려가 주십시오.

⑩ 한국어로 소통이 가능한 병원으로 데려가 주십시오.

❶ 모시모시 후론토데스까 카라다노 구아이가 요쿠아리마셍
もしもし フロントですか。体の 具合いが 良くありません。

---

❷ 오나카가 히도쿠 이타무노데스
おなかが ひどく 痛むのです。

---

❸ 아타마가 히도쿠 이타무노데스
頭が ひどく 痛むのです。

---

❹ 하가 히도쿠 이타무노데스
歯が ひどく 痛むのです。

---

❺ 케가오 시마시타
ケガを しました。

---

❻ 케가오 시테 치가 토마리마셍
ケガを して、血が 止まりません。

---

❼ 큐우큐우샤오 욘데 쿠다사이
救急車を 呼んで ください。

---

❽ 스구 이샤오 욘데 쿠다사이
すぐ 医者を 呼んで ください。

---

❾ 뵤오잉니 츠레테 잇테 쿠다사이
病院に 連れて 行って ください。

---

❿ 캉코쿠고노 츠으지루 뵤오잉니 츠레테 잇테 쿠다사이
韓国語の 通じる 病院に 連れて 行って ください。

진찰을 받을 때 1

① 과음했습니다.

② 설사를 하고 있습니다.

③ 구역질이 납니다.

④ 식욕이 없습니다.

⑤ 식중독이라고 생각합니다.

⑥ 감기가 들었습니다.

⑦ 한기가 듭니다.

⑧ 열이 있습니다.

⑨ 머리가 몹시 아픕니다.

⑩ 기침이 멈추지 않습니다.

Track-43

① 오사케오 노미스기마시타
お酒を 飲みすぎました。

② 게리오 시테이마스
下痢を しています。

③ 하키케가 시마스
吐き気が します。

④ 쇼쿠요쿠가 아리마셍
食欲が ありません。

⑤ 쇼쿠아타리다토 오모이마스
食あたりだと 思います。

⑥ 카제오 히키마시타
風邪を ひきました。

⑦ 사무케가 시마스
寒けが します。

⑧ 네츠가 아리마스
熱が あります。

⑨ 아타마가 히도쿠 이타미마스
頭が ひどく 痛みます。

⑩ 세키가 토마리마셍
咳が 止まりません。

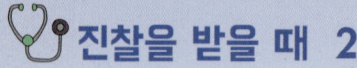

① 목이 아픕니다.

② 코가 막힙니다.

③ 몸이 몹시 나른합니다.

④ 여기를 세게 부딪혔습니다.

⑤ 여기가 몹시 아픕니다.

⑥ 가슴이 아픕니다.

⑦ 숨이 막히고 답답한 느낌입니다.

⑧ 가래에 피가 섞여 있었습니다.

⑨ 오줌에 피가 섞여 있었습니다.

⑩ 혈액형은 A〔AB / O〕형입니다.

❶ 노도가 이타미마스
のどが 痛みます。

❷ 하나가 츠마루노데스
鼻が つまるのです。

❸ 히도쿠 다루이노데스
ひどく だるいのです。

❹ 코코오 츠요쿠 부츠케마시타
ここを 強く ぶつけました。

❺ 코코가 히도쿠 이타미마스
ここが ひどく 痛みます。

❻ 무네가 이타이노데스
胸が 痛いのです。

❼ 이키구루시이 칸지가 시마스
息ぐるしい 感じが します。

❽ 탄니 치가 마잣테 이마시타
たんに 血が まざって いました。

❾ 뇨오니 치가 마잣테 이마시타
尿に 血が まざって いました。

❿ 케츠에키가타와 에에 [에에비이 / 오오]가타데스
血液型は A 〔AB / O〕 型です。

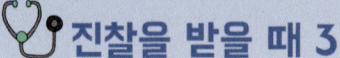 진찰을 받을 때 3

① 알레르기가 있습니다.

② 페니실린 알레르기를 일으킵니다.

③ 고[저]혈압입니다.

④ 당뇨병의 조짐이 있습니다.

⑤ 곧 나을 수 있습니까?

⑥ 여행을 계속해도 괜찮습니까?

⑦ 입원하지 않으면 안 됩니까?

⑧ 어느 정도 입원을 하지 않으면 안 됩니까?

⑨ 진단서를 작성해 주십시오.

⑩ 영수증을 주십시오.

① 아레루기이가 아리마스
アレルギーが あります。

② 페니시린 아레루기오 오코시마스
ペニシリン・アレルギーを 起こします。

③ 코오 [테에] 케츠아츠데스
高〔低〕血圧です。

④ 토오뇨오 뵤오노 케가 아리마스
糖尿病の 気が まります。

⑤ 스구니 나오리마스까
すぐに 治りますか。

⑥ 료코오오 츠즈케테모 다이죠오부 데스까
旅行を 続けても 大丈夫ですか。

⑦ 뉴우잉 시나쿠테와 나리마셍까
入院 しなくては なりませんか。

⑧ 도레쿠라이 뉴우잉 시나케레바 나리마셍까
どれくらい 入院 しなければ なりませんか。

⑨ 싱당쇼오 카이테 쿠다사이
診断書を 書いて ください。

⑩ 료오슈우 쇼오 쿠다사이
領収書を ください。

 약국을 이용할 때

① 잘 듣는 감기약을 주십시오.

② 비피린계 감기약은 있습니까?

③ 페니실린 알레르기가 있습니다만.

④ 잘 듣는 두통약〔상처약〕을 주십시오.

⑤ 치통약을 주십시오.

⑥ 생리대〔설사약〕를 주십시오.

⑦ 타박상이나 삔 데 잘 듣는 약을 주십시오.

⑧ 결막염에 잘 듣는 안약은 없습니까?

⑨ 비타민제를 주십시오.

⑩ 피로 회복에 잘 듣는 드링크를 주십시오.

① 요쿠키쿠 카제구스리오 쿠다사이
よく効く かぜ薬を ください。

② 히피링케에노 카제구스리와 아리마스카
非ピリン系の カゼ薬は ありますか。

③ 페니시링 아레루기이가 아루노데스가
ペニシリン・アレルギーが あるのですが。

④ 요쿠키쿠 즈츠우야쿠〔키즈구스리〕오 쿠다사이
よく効く 頭痛薬〔傷薬〕を ください。

⑤ 하이타도메노 쿠스리오 쿠다사이
歯痛どめの 薬を ください。

⑥ 나프킹〔게리도메〕오 쿠다사이
ナプキン〔下痢止め〕を ください。

⑦ 우치미야 넨자니 키쿠 쿠스리오 쿠다사이
打ち身や 捻挫に 効く 薬を ください。

⑧ 케츠마쿠엔니 키쿠 메구스리와 아리마셍까
結膜炎に 効く 目薬は ありませんか。

⑨ 비타민자이오 쿠다사이
ビタミン剤を ください。

⑩ 히로오 카이후쿠니 키쿠 도링쿠자이오 쿠다사이
疲労 回復に 効く ドリンク剤を ください。

알짜 여행 TIP 11

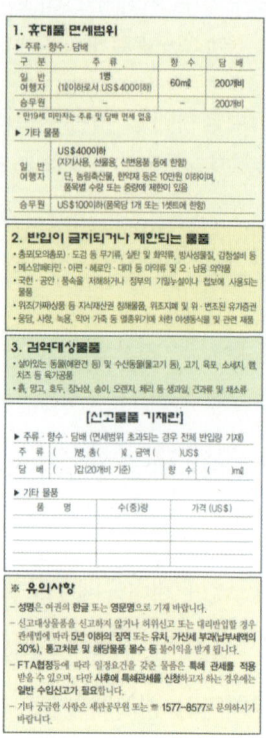

세관신고서는 기내에서 승무원이 한 장씩 나눠주며, 동반 가족이 있을 경우 가족 대표 1명만 작성하면 됩니다. 세관신고서는 한글로 작성해도 되며, 자진신고시 관세의 30%를 감면 받을 수 있지만, 미신고시 납부세액의 40~60%의 가산세가 붙습니다. 관세청 홈페이지에서 예상세액 조회가 가능하니 잘 보고 자진신고하도록 합시다!

〈면세범위〉 주류 1병(1리터, 400불 이하), 향수 60ml, 담배 200개피(1보루)
총 600불 이하의 물품

Chapter 11
귀국

⭐ 항공편을 예약·재확인할 때
⭐ 항공편 예약을 변경·취소할 때
⭐ 일본 출국시의 공항 이용

항공편을 예약·재확인할 때

❶ ○○ 부터 ○○ 으로 가는 항공편을 예약하고 싶습니다만.

❷ 5월 10일 오전[오후]항공편은 있습니까?
(※ p.212 숫자표현 참조)

❸ 이름은 ○○○ 입니다. 스펠링은 ○○○ 입니다.

❹ 로얄호텔 ○○ 호실에 묵고 있습니다.

❺ 전화번호는 ○○○ - ○○○○ 입니다.
(※ p.206 숫자표현 참조)

❻ 예약 번호는 몇 번입니까?

❼ 몇 시에 출발 몇 편입니까?

❽ ○○ 공항 도착은 몇 시입니까?

❾ 5월 10일 ○○ 편의 재확인을 하고 싶습니다만.

❿ 예약 번호는 ○○○○ 번입니다.

① 〇〇 카라 〇〇 니 이쿠 히코오키오 요야쿠 시타이노데스가
　〇〇から〇〇に行く 飛行機を 予約 したいのですが。

---

② 고가츠 토오카노 고젠〔고고〕노빙와 아리마스까
　5月 10日の 午前〔午後〕の便は ありますか。

---

③ 나마에와 〇〇〇 데스 스페링구와 〇〇〇 데스
　名前は〇〇〇です。スペリングは、〇〇〇です。

---

④ 로이야루 호테루노 〇〇 고오시츠니 토맛테 오리마스
　ロイヤル ホテルの 〇〇 号室に 泊まって おります。

---

⑤ 뎅와 방고오와 〇〇〇 노 〇〇〇〇 데스
　電話 番号は 〇〇〇-〇〇〇〇 です。

---

⑥ 요야쿠 방고오와 남방데스까
　予約 番号は 何番ですか。

---

⑦ 난지 하츠노 남빈데스까
　何時 発の 何便ですか。

---

⑧ 〇〇 쿠우코오 에노 토오차쿠와 난지데스까
　〇〇 空港への 到着は 何時ですか。

---

⑨ 고가츠 토오카노 〇〇 빈노 사이카쿠닝오 시타이노데스가
　5月 10日の 〇〇 便の 再確認を したいのですが、

---

⑩ 요야쿠 방고오와 〇〇〇〇 방데스
　予約番号は 〇〇〇〇 番です。

항공편 예약을 변경·취소할 때

① 예약번호 ○○○ - ○○○ 입니다.

② 8월 8일 ○○ 편 예약을 변경하고 싶습니다만.
(※p.212 숫자표현 참조)

③ 8월 7일편으로 해 주시겠습니까?

④ 오전[오후]편으로 바꿔 주시겠습니까?

⑤ 아침 편을 저녁 편으로 바꾸고 싶습니다만.

⑥ 나리타 공항 행을 하네다 공항 행으로 바꾸고 싶습니다만.

⑦ 나리타공항 출발을 오사카공항 출발로 변경하고 싶습니다만.

⑧ 같은 날 것으로 해 주십시오.

⑨ 날짜도 바꾸어 주십시오.

⑩ 8월 8일 ○○ 편 예약을 취소해 주십시오.

Track-48

① 요야쿠 방고오 ○○○ 노 ○○○ 토 이이마스
予約 番号 ○○○ の ○○○ と 言います。

② 하치가츠 요오카노 ○○ 빈노 요야쿠오 헹코오 시타이노데스가
8月8日の ○○便の 予約を 変更したいのですが。

③ 하치가츠 나노카노 빈니 시테이타다케 마셍까
8月7日の 便に していただけ ませんか。

④ 고젠〔고고〕노빈니 카에테 이타다케마셍까
午前〔午後〕の便に かえて いただけませんか。

⑤ 아사노 빙오 요루노 빈니 카에타이노 데스가
朝の便を 夜の便に かえたいの ですが。

⑥ 나리타 쿠우코오 유키오 하네다 쿠우코오 유키니 카에타이노 데스가
成田 空港 行きを 羽田 空港 行きに かえたいの ですが。

⑦ 나리타쿠우코오 하츠오 오오사카쿠우코오 하츠니 카에타이노 데스가
成田空港 発を 大阪空港発に かえたいの ですが。

⑧ 오나지 히노니 시테쿠다사이
同じ 日のに してください。

⑨ 히니치모 카에테쿠다사이
日にちも かえて ください。

⑩ 하치가츠 요오카노 ○○ 빈노 요야쿠오 토리케시테 쿠다사이
8月8日の ○○便の 予約を 取り消して ください。

일본 출국시의 공항 이용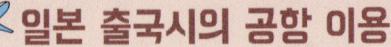

① ○○○ 항공의 카운터는 어디입니까?

② 부탁합니다.

③ 맡기는 짐은 이게 전부입니다.

④ 이것은 수하물〔 손짐 〕입니다.

⑤ 이것에 취급주의 스티커를 붙여 주시겠습니까?

⑥ 가능하시다면 앞쪽 좌석으로 해 주시지 않겠습니까?

⑦ 창문 쪽 좌석으로 부탁합니다.

⑧ 통로 쪽 좌석으로 부탁합니다.

⑨ 비행기는 정시 출발입니다.

⑩ 어느 정도 늦어질 것 같습니까?

Track-49

① 코오쿠우노 카운타아와 도코데스까
○○○航空の カウンターは どこですか。

② 오네가이시마스
お願いします。

③ 아즈케루 니모츠와 코레가 젬부데스
預ける 荷物は これが 全部です。

④ 코레와 모치코미노 니모츠데스
これは 持ち込みの 荷物です。

⑤ 코레니 토리아츠카이 추우이노 후다오 츠케테 이타다케마스까
これに 取り扱い 注意の 札を つけて いただけますか。

⑥ 데키타라 마에노 호오노 자세키니 시테 이타다케마셍까
できたら、前の 方の 座席に して 頂けませんか。

⑦ 마도기와노 세키데 오네가이 시마스
窓際の 席で お願い します。

⑧ 츠으로가와노 세키데 오네가이 시마스
通路側の 席で お願い します。

⑨ 히코오키와 테에고쿠노 슙파츠데스까
飛行機は 定刻の 出発ですか。

⑩ 도노쿠라이노 오쿠레니 나리마스까
どのくらいの 遅れに なりますか。

알짜 여행 TIP 12

일본 테마파크 어디까지 가봤니?

도쿄 디즈니 랜드 · 디즈니 씨
어트랙션과 퍼레이드 등 볼거리가 다양한 연간 입장객 수 1위인 일본 최대의 테마파크입니다.

오사카 유니버셜 스튜디오 재팬
할리우드 영화를 테마로 조성한 테마파크로 아시아 최초의 유니버셜 계열 테마파크입니다.

야마나시 후지큐 하이랜드
후지산 근처에 위치한 테마파크로 스릴 넘치는 어트랙션이 가득한 곳입니다.

도쿄 산리오 퓨로랜드
헬로키티를 중심으로 산리오의 인기 캐릭터로 꾸며진 4층 구조의 실내형 테마파크입니다.

치바 후나바시 안데르센 공원
안데르센의 동화 속 세계를 테마로 만들어진 26만평 규모의 테마파크입니다.

나가사키 하우스텐보스
네덜란드 거리 풍경을 재현한 테마파크로, 네덜란드어로 '숲속의 집'이라는 뜻을 가지고 있습니다.

Chapter 12
일본인과 친구 되기

- ⭐ 일본인에게 말 걸기
- ⭐ 자기소개
- ⭐ 학교·직장 소개
- ⭐ 연락처 교환
- ⭐ 인사말
- ⭐ 날씨 표현
- ⭐ 감사와 사과
- ⭐ 긍정·부정과 잘 모를 때
- ⭐ 칭찬할 때
- ⭐ 성격에 대해서
- ⭐ 취미에 대해서
- ⭐ 이성교제에 대해서
- ⭐ 기념 촬영하기
- ⭐ 같이 시간을 즐기기
- ⭐ 같이 노래방 가기
- ⭐ 헤어질 때
- ⭐ 선물을 주고받을 때

 일본인에게 말 걸기

❶ 저기요.

❷ 죄송합니다만, 사진을 찍어 주실 수 있으십니까?

❸ 대단히 감사합니다.

❹ 저는 일본이 좋아서 한국에서 여행 온 사람입니다만.

❺ 일본이 좋아서 한국에서 여행 온 대학생입니다만.

❻ 혹시 괜찮으시다면 잠깐 이야기할 수 있을까요?

❼ 일본에 왔기 때문에 일본분과 이야기를 하고 싶습니다.

❽ 일본에 관해서 공부하고 싶습니다.

❾ 가능하다면 일본분과 친구가 되고 싶습니다.

❿ 괜찮으십니까! 정말 감사합니다.

❶ 아노오
あのう。

❷ 스미마셍가 샤싱오 톳데 쿠다사이 마셍까
すみませんが、写真を 撮って ください ませんか。

❸ 도오모 아리가토오 고자이마스
どうも ありがとう ございます。

❹ 와타시와 니홍가 스키데 캉코쿠카라 료코오니 키타 모노데스가
私は 日本が 好きで、韓国から 旅行に 来た 者ですが、

❺ 니홍가 스키데 캉코쿠카라 료코오니 키타 다이가쿠세에 데스가
日本が 好きで、韓国から 旅行に 来た 大学生 ですが、

❻ 모시 요로시케레바 스코시다케 오하나시 데키마셍까
もし よろしければ、少しだけ、お話し できませんか。

❼ 니홍니 키타노데 니홍노 카타토 오하나시 시테미타인데스
日本に 来たので、日本の 方と、お話し してみたいんです。

❽ 니홍노 코토니츠이테 벵쿄오 시타인데스
日本の ことについて、勉強 したいんです。

❾ 데키레바 니홍노 카타토 오토모다치니 나리타인데스
できれば、日本の 方と お友達に なりたいんです。

❿ 요로시이데스까 홍토오니 아리가토오 고자이마스
よろしいですか！本当に ありがとう ございます。

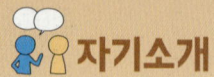 자기소개

① 처음 뵙겠습니다.

② 저는 박미나라고 합니다.

③ 잘 부탁드립니다.

④ 시간을 내주셔서 정말 감사합니다.

⑤ 바쁘신 중에 정말 감사합니다.

⑥ 만나 뵙게 되서 대단히 기쁘게 생각합니다.

⑦ 일본분과 이야기 할 수 있어서 대단히 기쁘게 생각합니다.

⑧ 저는 올해 22 살이 됩니다.

(※ p.206 숫자표현 참조)

⑨ 실례지만, 성함이 어떻게 되십니까?

⑩ 실례지만, 다나카 씨는 나이가 어떻게 되십니까?

※ 초면에 나이를 물어보지 않는 것이 좋음.

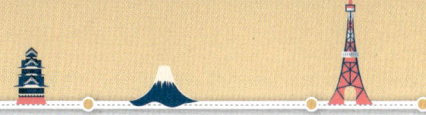

① 하지메마시테
はじめまして。

② 와타시와 파쿠 미나 토 모오시마스
私は パク・ミナ と 申します。

③ 도오조 요로시쿠 오네가이시마스
どうぞ、よろしく お願いします。

④ 오지캉오 오다시 쿠다사리 아리가토오 고자이마스
お時間を お出し下さり、ありがとう ございます。

⑤ 오이소가시이 노니 홍토오니 아리가토오 고자이마스
お忙しいのに、本当に ありがとう ございます。

⑥ 오아이데키테 토테모 우레시쿠 오모이마스
お会いできて、とても うれしく 思います。

⑦ 니홍노 카타토 오하나시가 데키테 토테모 우레시쿠 오모이마스
日本の 方と お話が できて、とても うれしく 思います。

⑧ 와타시와 코토시데 니쥬우 니사이니 나리마스
私は 今年で ２２才に なります。

⑨ 시츠레에데스가 오나마에와 낭토 옷샤이마스까
失礼ですが、お名前は、何と おっしゃいますか。

⑩ 시츠레에데스가 다나카상와 오이쿠츠데스까
失礼ですが、田中さんは おいくつですか。

학교 · 직장 소개

① 저는 서울대학의 2학년입니다.

(※ p.206 숫자표현 참조)

② 실례합니다만, 대학생입니까?

③ 실례합니다만, 몇 학년입니까?

④ 저는 회사에서 근무하고 있습니다.

⑤ 호텔[여행사]에서 근무하고 있습니다.

⑥ 회사[상점]를 경영하고 있습니다.

⑦ 공무원입니다.

⑧ 대학교[고등학교 / 중학교]교사입니다.

⑨ 이것은 저의 명함입니다.

⑩ 실례합니다만, 직업은요?

① 와타시와 소우루 다이가쿠노 니넹세에데스
私は ソウル大学の 2年生です。

② 시츠레에데스가 다이가쿠세에 데스까
失礼ですが、大学生ですか。

③ 시츠레에데스가 난넹세에 데스까
失礼ですが、何年生ですか。

④ 와타시와 카이샤니 츠토메테 오리마스
私は 会社に 勤めて おります。

⑤ 호테루〔료코오샤〕니 츠토메테 오리마스
ホテル〔旅行社〕に 勤めて おります。

⑥ 카이샤〔오미세〕오 케에에이시테 오리마스
会社〔お店〕を 経営して おります。

⑦ 코오무잉 데스
公務員です。

⑧ 다이가쿠〔코오코오 / 츄우각코오〕노 쿄오시데스
大学〔高校 / 中学校〕の 教師です。

⑨ 코레와 와타시노 메에시데스
これは 私の 名刺です。

⑩ 시츠레에 데스가 고쇼쿠교오와?
失礼ですが、ご職業は?

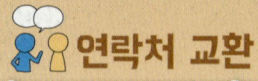 **연락처 교환**

❶ 실례합니다만, 연락처 교환을 하고 싶습니다만.

❷ 이것이 저의 핸드폰 번호입니다.

❸ 이것이 저의 메일 주소입니다.

❹ 이것이 저의 연락처입니다.

❺ 실례합니다만, 연락처를 여쭈어도 괜찮습니까?

❻ 실례합니다만, 핸드폰 번호를 여쭈어도 괜찮습니까?

❼ 실례합니다만, 메일 주소를 여쭈어도 괜찮습니까?

❽ 이것이 저의 명함입니다.

❾ 실례합니다만, 명함을 받을 수 있을까요?

❿ 간단한 영어로 서로 연락합시다!

① 시츠레에데스가 렌라쿠사키노 코오캉오 시타이노데스가
失礼ですが、連絡先の 交換を したいのですが、

② 코레가 와타시노 케에타이노 방고오데스
これが 私の ケイタイの 番号です。

③ 코레가 와타시노 메에르 아도레스데스
これが 私の メール アドレスです。

④ 코레가 와타시노 렝라쿠사키데스
これが 私の 連絡先です。

⑤ 시츠레에데스가 고렝라쿠사키오 우카갓테모 요로시이 데스까
失礼ですが、ご連絡先を 伺っても よろしいですか。

⑥ 시츠레에데스가 케에타이노 방고오오 우카갓테모 요로시이데스까
失礼ですが、ケイタイの 番号を 伺っても よろしいですか。

⑦ 시츠레에데스가 메에르 아도레스오 우카갓테모 요로시이데스까
失礼ですが、メール アドレスを 伺っても よろしいですか。

⑧ 코레가 와타시노 메에시데스
これが 私の 名刺です。

⑨ 시츠레에데스가 고메에시오 이타다케마셍까
失礼ですが、ご名刺を 頂けませんか。

⑩ 칸탄나 에에고데 렝라쿠오 토리아이마쇼오
簡単な 英語で 連絡を 取り合いましょう。

 **인사말**

① 안녕하세요. (아침 인사)

② 안녕하세요. (낮 인사)

③ 안녕하세요. (저녁 인사)

④ 안녕히 가십시오.〔계십시오〕

⑤ 안녕히 주무세요.

⑥ 잘 먹겠습니다.

⑦ 잘 먹었습니다.

⑧ 실례하겠습니다.

⑨ 그러면 꼭 다시 만나요.

⑩ 그러면 다시 만나요. 건강하시길.

Track-54

❶ 오하요오 고자이마스
おはよう ございます。

❷ 콘니치와
こんにちは。

❸ 콤방와
こんばんは。

❹ 사요오나라
さようなら。

❺ 오야스미나사이
おやすみなさい。

❻ 이타다키마스
いただきます。

❼ 고치소오사마
ごちそうさま。

❽ 시츠레에시마스
失礼します。

❾ 소레데와 마타 제히 오아이 시마쇼오
それでは、また、ぜひ お会い しましょう。

❿ 소레데와 마타 오겡키데
それでは、また、お元気で。

날씨 표현

❶ 매우 좋은 날씨군요.

❷ 날씨가 좋아 기분이 좋군요.

❸ 〔매우〕춥군요.

❹ 〔매우〕덥군요.

❺ 〔매우〕시원하군요.

❻ 〔매우〕따뜻하군요.

❼ 하늘이 흐리네요.

❽ 비가 내릴 것 같군요.

❾ 비가 내리기 시작했어요.

❿ 저와 함께 우산을 쓰세요.

① 토테모 이이 텡키데스네
とても いい 天気ですね。

② 텡키가 요쿠테 키모치가 이이데스네
天気が よくて、気持が いいですね。

③ 〔토테모〕 사무이데스네
〔とても〕 寒いですね。

④ 〔토테모〕 아츠이데스네
〔とても〕 暑いですね。

⑤ 〔토테모〕 스즈시이 데스네
〔とても〕 涼しい ですね。

⑥ 〔토테모〕 아타타카이 데스네
〔とても〕 暖かいですね。

⑦ 소라가 쿠못테 이마스네
空が 曇って いますね。

⑧ 아메가 후리소오 데스네
雨が 降りそう ですね。

⑨ 아메가 훗테 키마시타
雨が 降って 来ました。

⑩ 와타시토 잇쇼니 카사오 츠카이마쇼오
私と 一緒に かさを 使いましょう。

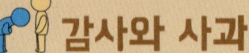 감사와 사과

① 고마워.

② 고맙습니다.

③ 대단히 고맙습니다.

④ 감사했습니다.

⑤ 정말 감사했습니다.

⑥ 미안합니다.

⑦ 미안했습니다.

⑧ 죄송합니다.

⑨ 정말 죄송합니다.

⑩ 정말 죄송하게 되었습니다.

❶ 아리가토오
ありがとう。

❷ 아리가토오 고자이마스
ありがとう ございます。

❸ 도오모 아리가토오 고자이마스
どうも ありがとう ございます。

❹ 아리가토오 고자이마시타
ありがとう ございました。

❺ 혼토오니 아리가토오 고자이마시타
本当(ほんとう)に ありがとう ございました。

❻ 스미마셍
すみません。

❼ 스미마셍데시타
すみませんでした。

❽ 모오시와케 아리마셍
申(もう)し訳(わけ) ありません。

❾ 혼토오니 모오시와케 아리마셍
本当(ほんとう)に 申(もう)し訳(わけ) ありません。

❿ 혼토오니 모오시와케 아리마셍데시타
本当(ほんとう)に 申(もう)し訳(わけ) ありませんでした。

긍정·부정과 잘 모를 때

① 예.

② 아니오.

③ 네, 알겠습니다.

④ 아니오, 모르겠습니다.

⑤ 예, 좋습니다.

⑥ 네, 그렇게 해 주십시오.

⑦ 아니오, 그건 좀…

⑧ 죄송합니다. 잘 모르겠습니다.

⑨ 죄송합니다만, 잘 모르기 때문에 다시 한 번 부탁드립니다.

⑩ 좀 더 천천히 이야기해 주시겠습니까?

❶ 하이
はい。

❷ 이이에
いいえ。

❸ 하이 와카리마시타
はい、わかりました。

❹ 이이에 와카리마셍
いいえ、わかりません。

❺ 하이 이이데스요
はい、いいですよ。

❻ 하이 소오시테 쿠다사이
はい、そうして ください。

❼ 이이에 소레와 춋토
いいえ、それは ちょっと …。

❽ 스미마셍 요쿠 와카리마셍
すみません。よく わかりません。

❾ 스미마셍가 요쿠 와카라나이 노데 모오이치도 오네가이시마스
すみませんが、よく わからない ので、もう 一度 お願いします。

❿ 모오스코시 윳쿠리 오하나시 시테쿠다사이 마셍까
もう 少し、ゆっくり お話し してください ませんか。

칭찬할 때

① 다나카 씨는 정말 좋은 분이시네요.

② 다나카 씨는 정말 근사한 분이시네요.

③ 다나카 씨는 정말 친절한 분이시네요.

④ 다나카 씨는 정말 자상하시네요.

⑤ 다나카 씨는 정말 잘생기셨네요.

⑥ 다나카 씨는 정말 미인이시네요.

⑦ 다나카 씨는 정말 귀여우시네요.

⑧ 그 시계 아주 멋있네요.

⑨ 그 옷 아주 멋있네요.

⑩ 그 옷 아주 잘 어울리네요.

Track-58

❶ 다나카 상와 토테모 이이히토데스네
田中 さんは、とても いい 人ですね。

❷ 다나카 상와 토테모 스테키나 카타데스네
田中 さんは、とても 素敵な 方ですね。

❸ 다나카 상와 토테모 싱세츠나 카타데스네
田中 さんは、とても 親切な 方ですね。

❹ 다나카 상와 토테모 오야사시이 카타데스네
田中 さんは、とても お優しい 方ですね。

❺ 다나카 상와 토테모 한사무 데스네
田中 さんは、とても ハンサムですね。

❻ 다나카 상와 토테모 비징데스네
田中 さんは、とても 美人ですね。

❼ 다나카 상와 토테모 카와이이 데스네
田中 さんは、とても かわいい ですね。

❽ 소노 토케에 토테모 스테키데스네
その 時計、とても 素敵ですね。

❾ 소노 후쿠 토테모 스테키데스네
その 服、とても 素敵ですね。

❿ 소노 후쿠 토테모 오니아이 데스네
その 服、とても お似合い ですね。

성격에 대해서

① 저는 매우 밝은 성격입니다.

② 저는 매우 활발한 성격입니다.

③ 저는 매우 유쾌한 성격입니다.

④ 저는 좀 내향적인 성격입니다.

⑤ 저는 좀 부끄러움을 많이 타는 성격입니다.

⑥ 다나카 씨는 어떤 성격입니까?

⑦ 다나카 씨는 매우 밝은 성격이군요.

⑧ 다나카 씨는 매우 활발한 성격이군요.

⑨ 다나카 씨는 매우 유쾌한 성격이군요.

⑩ 다나카 씨는 매우 자상한 성격이군요.

① 와타시와 토테모 아카루이 세에카쿠데스
私は とても 明るい 性格です。

② 와타시와 토테모 캇파츠나 세에카쿠데스
私は とても 活発な 性格です。

③ 와타시와 토테모 유카이나 세에카쿠데스
私は とても 愉快な 性格です。

④ 와타시와 스코시 나이코오테키나 세에카쿠데스
私は 少し 内向的な 性格です。

⑤ 와타시와 스코시 하즈카시가리야나 세에카쿠데스
私は 少し 恥ずかしがり屋な 性格です。

⑥ 다나카 상와 돈나 세에카쿠데스까
田中 さんは どんな 性格ですか。

⑦ 다나카 상와 토테모 아카루이 세에카쿠데스네
田中 さんは とても 明るい 性格ですね。

⑧ 다나카 상와 토테모 캇파츠나 세에카쿠데스네
田中 さんは とても 活発な 性格ですね。

⑨ 다나카 상와 토테모 유카이나 세에카쿠데스네
田中 さんは とても 愉快な 性格ですね。

⑩ 다나카 상와 토테모 오야사시이 세에카쿠데스네
田中 さんは とても お優しい 性格ですね。

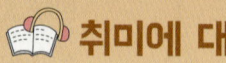 **취미에 대해서**

① 저의 취미는 골프[테니스 / 축구]입니다.

② 저의 취미는 농구[수영 / 탁구]입니다.

③ 저의 취미는 음악을 듣는 것입니다.

④ 제이팝도 아주 좋아한답니다.

⑤ 저의 취미는 독서입니다.

⑥ 일본의 소설도 읽었습니다.

⑦ 저는 일본의 만화를 아주 좋아합니다.

⑧ 저는 이렇다 할 취미가 없습니다.

⑨ 주말은 어떻게 지내십니까?

⑩ ○○ 씨는 어떠한 취미를 가지고 계십니까?

Track-60

① 와타시노 슈미와 고르후 [테니스 / 삿카아] 데스
私の 趣味は ゴルフ 〔テニス / サッカー〕です。

② 와타시노 슈미와 바스켓토보오루 [스이에에 / 탁큐우] 데스
私の 趣味は バスケットボール 〔水泳 / 卓球〕です。

③ 와타시노 슈미와 옹가쿠오 키쿠코토데스
私の 趣味は 音楽を 聞くことです。

④ 제에 폽푸모 다이스키데스요
Jポップも 大好きですよ。

⑤ 와타시노 슈미와 도쿠쇼데스
私の 趣味は 読書です。

⑥ 니홍노 쇼오세츠모 요미마시타
日本の 小説も 読みました。

⑦ 와타시와 니홍노 망가가 토테모 다이스키데스
私は 日本の 漫画が とても 大好きです。

⑧ 와타시와 코레토 잇타 슈미가 아리마셍
私は これと 言った 趣味が ありません。

⑨ 슈우마츠와 도노요오니 스고사레 마스까
週末は どのように 過され ますか。

⑩ ○○ 상와 도노요오나 고슈미오 오모치데스까
○○ さんは、どのような ご趣味を お持ちですか。

이성교제에 대해서

① 저는 애인이 있습니다.

② 저는 애인이 없습니다.

③ 정말 좋아하는 사람이 있었지만 헤어졌습니다.

④ 저는 마음이 착한 사람을 좋아합니다.

⑤ 저는 결혼했습니다.

⑥ 저는 독신주의자입니다.

⑦ 다나카 씨는 애인이 있습니까?

⑧ 그렇습니까? 없습니까? 멋있는 분이신데.

⑨ 어떤 타입의 여성[남성]을 좋아합니까?

⑩ 다나카 씨는 결혼하셨습니까?

① 와타시와 코이비토가 이마스
私は 恋人が います。

② 와타시와 코이비토가 이마셍
私は 恋人が いません。

③ 토테모 스키나 히토가 이탄데스가 와카레마시타
とても 好きな 人が いたんですが、別れました。

④ 와타시와 코코로노 야사시이 히토가 스키데스
私は 心の 優しい 人が 好きです。

⑤ 와타시와 켓콩 시테이마스
私は 結婚 しています。

⑥ 와타시와 도쿠싱 슈기샤데스
私は 独身 主義者です。

⑦ 다나카 상와 코이비토가 이마스까
田中 さんは 恋人が いますか。

⑧ 소오데스까 이나인데스까 스테키나노니
そうですか。いないんですか。素敵なのに。

⑨ 돈나 타이프노 죠세에 [당세에] 가 스키데스까
どんな タイプの 女性 〔男性〕が 好きですか。

⑩ 다나카 상와 켓콩 사레테이마스까
田中 さんは 結婚 されていますか。

기념 촬영하기

❶ 함께 기념사진을 찍읍시다.

❷ 일본에서는 사진을 찍을 때 뭐라고 말합니까?

❸ 한국에서는「김치」라고 말하며 찍습니다.

❹ 제가 사진을 찍어 드리겠습니다.

❺ 포즈를 취해 주세요.

❻ 방긋 웃어주세요.

❼ 긴장하지 마세요.

❽ 제 사진도 찍어 주세요.

❾ 예쁘게 찍어 주세요.

❿ 사진은 다음에 메일로 보내드려요.

Track-62

① 잇쇼니 키넹 샤신오 토리마쇼오
一緒に 記念 写真を 撮りましょう。

② 니홍데와 샤싱오 토루토키 난토 이이마스까
日本では、写真を 撮る時、何と 言いますか。

③ 캉코쿠데와 키무치토 잇떼 토룬데스요
韓国では 「キムチ」 と 言って 撮るんですよ。

④ 와타시가 오샤싱오 톳데 사시아게 마쇼오
私が お写真を 撮って さし上げましょう。

⑤ 포오즈오 톳데 쿠다사이
ポーズを 取って ください。

⑥ 닛코리 와랏데 쿠다사이
にっこり 笑って ください。

⑦ 킨쵸오 시나이데 쿠다사이
緊張 しないで ください。

⑧ 와타시노 샤싱모 톳데 쿠다사이
私の 写真も 撮って ください。

⑨ 키레에니 톳데 쿠다사이네
きれいに 撮って くださいね。

⑩ 샤싱와 아토데 메에르데 오오쿠리시마스네
写真は あとで メールで お送りしますね。

같이 시간을 즐기기

① 실례합니다만, 혹시 바쁘지 않으시다면

② 이 주변을 안내해주지 않겠습니까?

③ 이 근처에서 함께 식사라도 하시지 않겠습니까?

④ 이 근처에서 차라도 마시지 않겠습니까?

⑤ 일본의 이자카야를 안내해 주시지 않겠습니까?

⑥ 지금부터 함께 놀러 가지 않겠습니까?

⑦ 이 근처에는 어떤 곳이 재미있습니까?

⑧ 일본에도 나이트클럽이 있습니까?

⑨ 한류댄스를 보여드릴게요.

⑩ 내일도 혹시 괜찮으시다면 만나 뵐 수 있습니까?

① 시츠레에데스가 모시 오이소가시쿠 나이요오 데시타라
失礼ですが、もし お忙しく ないよう でしたら、

② 코노 아타리오 앙나이시테 이타다케 마셍까
この 辺りを 案内して 頂けませんか。

③ 코노 킹죠데 잇쇼니 오쇼쿠지데모 시마셍까
この 近所で 一緒に お食事でも しませんか。

④ 코노 킹죠데 오차데모 노미마셍까
この 近所で お茶でも 飲みませんか。

⑤ 니홍노 이자카야오 안나이시테 쿠다사이 마셍카
日本の 居酒屋を 案内して くださいませんか。

⑥ 코레카라 잇쇼니 아소비니 이키마셍까
これから 一緒に 遊びに 行きませんか。

⑦ 코노 아타리데와 돈나 토코로가 타노시이데스까
この 辺りでは どんな 所が 楽しいですか。

⑧ 니홍니모 나이토 쿠라부가 아리마스까
日本にも ナイト クラブが ありますか。

⑨ 한류우 단스오 히로오 이타시마스요
ハン流 ダンスを 披露 いたしますよ。

⑩ 아시타모 모시 요로시케레바 오아이 데키마셍까
明日も、もし よろしければ、お会い できませんか。

같이 노래방 가기

① 혹시 괜찮으시다면 함께 노래방에 가시지 않겠습니까?

② 먼저 가십시오.

③ 다나카 씨가 가장 잘하는 노래는 무엇입니까?

④ 이 일본 노래를 부르실 수 있습니까? 제가 좋아하는 곡입니다.

⑤ 매우 훌륭하군요.

⑥ 한 곡 더 불러주세요.

⑦ 한국의 노래는 별로 없네요.

⑧ 이 곡은 한국에서 매우 유행하고 있는 노래입니다.

⑨ 한국의 노래 중에 알고 있는 노래가 있습니까?

⑩ 함께 노래합시다.

Track-64

① 모시 요로시케레바 잇쇼니 카라오케니 이키마셍까
もし よろしければ、一緒に カラオケに 行きませんか。

② 오사키니 도오조
お先に どうぞ。

③ 다나카 상노 오하코와 난데스까
田中 さんの 十八番は 何ですか。

④ 코노 니홍노우타 우타에마스까 와타시노 스키나 쿄쿠난데스
この 日本の歌、歌えますか。私の 好きな 曲なんです。

⑤ 스고쿠 오죠오즈 데스네
すごく お上手 ですね。

⑥ 모오 잇쿄쿠 우탓데 쿠다사이
もう 一曲 歌って ください。

⑦ 캉코쿠노 우타와 스쿠나이데스네
韓国の 歌は 少ないですね。

⑧ 코노 쿄쿠와 캉코쿠데 토테모 하얏테이루 우타데스
この 曲は 韓国で とても はやっている 歌です。

⑨ 캉코쿠노 우타데 싯테이루 우타와 아리마스까
韓国の 歌で 知っている 歌は ありますか。

⑩ 잇쇼니 우타이마쇼오
一緒に 歌いましょう。

헤어질 때

① 여러 가지로 정말 감사했습니다.

② 다나카 씨 덕분에 정말 즐거웠습니다.

③ 다나카 씨와 만날 수 있어서 정말 좋았습니다.

④ 좋은 추억으로 생각하고 소중히 하겠습니다.

⑤ 헤어지는 것이 아쉽습니다.

⑥ 다나카 씨에 대해서는 한국에 돌아가서도 잊지 않습니다.

⑦ 한국에 돌아가면 반드시 연락드리겠습니다.

⑧ 반드시 다시 뵙겠습니다.

⑨ 부디 건강히 계시길 기원합니다.

⑩ 다시 뵐 날을 고대하고 있습니다.

❶ 이로이로토 혼토오니 아리가토오 고자이마시타
いろいろと、本当に、ありがとう ございました。

---

❷ 다나카 상노 오카게데 혼토오니 타노시캇다데스
田中 さんの おかげで、本当に、楽しかったです。

---

❸ 다나카 상토 오아이데키테 혼토오니 요캇다데스
田中 さんと お会いできて、本当に、よかったです。

---

❹ 요이 오모이데 토시테 타이세츠니 시마스
よい 思い出 として、大切に します。

---

❺ 오와카레 스루노가 오나고리 오시이데스
お別れするのが、お名残 おしいです。

---

❻ 다나카 상노 코토와 캉코쿠니 카엣데모 와스레마셍
田中 さんの ことは、韓国に 帰っても 忘れません。

---

❼ 캉코쿠니 카엣타라 카나라즈 고렝라쿠 이타시마스
韓国に 帰ったら、必ず ご連絡 いたします。

---

❽ 카나라즈 마타 오아이 시마쇼오네.
必ず また お会い しましょうね。

---

❾ 도오카 오겡키데 이라시테 쿠다사이
どうか お元気で いらして ください。

---

❿ 마타 오아이 데키루히오 타노시미니 시테오리마스
また お会い できる日を 楽しみに しております。

🎁 선물을 주고받을 때

① 정말 대단히 신세를 지게 되었습니다.

② 약소한 선물을 준비해 놓았습니다.

③ 변변치 않은 것이지만 받아주십시오.

④ 적으나마 저의 마음입니다.

⑤ 이것을 보고 저를 기억해 주십시오.

⑥ 마음에 드시면 좋겠습니다.

⑦ 마음에 드셨습니까?

⑧ 선물까지 받게 되어 정말 감사드립니다.

⑨ 저도 선물을 준비했습니다.

⑩ 죄송합니다. 저는 아무것도 준비하지 못했습니다.

Track-66

① 혼토오니 토테모 오세와니 나리마시타
本当に とても お世話に なりました。

② 사사야카나 오쿠리모노오 고요오이 이타시마시타
ささやかな 贈り物を ご用意 いたしました。

③ 츠마라나이 모노데스가 오우케토리 쿠다사이
つまらない 物ですが、お受け取り ください。

④ 세메테모노 와타시노 키모치데스
せめてもの、私の 気持です。

⑤ 코레오 미테 와타시노 코토오 오모이다시테 쿠다사이
これを 見て、私の ことを 思い出して ください。

⑥ 키니잇데 이타다케루토 이이노데스가
気に入って いただけると いいのですが。

⑦ 키니잇데 이타다케 마시타카
気に入って いただけ ましたか。

⑧ 오미야게마데 이타다이테 혼토오니 칸샤 이타시마스
お土産まで いただいて、本当に 感謝 いたします。

⑨ 와타시카라모 오쿠리모노가 아리마스
私からも 贈り物が あります。

⑩ 스미마셍 와타시와 나니모 쥰비데키마셍 데시타
すみません。私は 何も 準備できません でした。

일본의 화폐

1엔 (이치엔)

5엔 (고엔)

10엔 (쥬우엔)

50엔 (고쥬우엔)

100엔 (햐쿠엔)

500엔 (고햐쿠엔)

1,000엔 (셍엔)

2,000엔 (니셍엔)

5,000엔 (고셍엔)

10,000엔 (이치망엔)

Chapter 13
숫자·때에 관한 표현

🌸 수에 관한 표현
🌸 때에 관한 표현

수에 관한 표현 1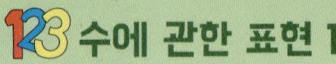

| 1 이치 | 2 니 | 3 상 | 4 시/용 | 5 고 |
| 6 로쿠 | 7 시치/나나 | 8 하치 | 9 큐우 | 10 주우 |

| 11 주우이치 | 12 주우니 | 13 주우상 | 14 주우용 | 15 주우고 |
| 16 주우로쿠 | 17 주우나나 | 18 주우하치 | 19 주우큐우 | 20 니주우 |

| 30 산주우 | 40 욘주우 | 50 고주우 | 55 고주우고 | 60 로쿠주우 |
| 64 로쿠주우용 | 70 나나주우 | 75 나나주우고 | 80 하치주우 | 90 큐우주우 |

| 100 햐쿠 | 200 니햐쿠 | 300 삼뱌쿠 | 400 용햐쿠 | 500 고햐쿠 |
| 600 롭퍄쿠 | 700 나나햐쿠 | 740 나나햐쿠욘주우 | 800 합퍄쿠 | 900 큐우햐쿠 |

1,000 센	2,000 니센	3,000 산젠	4,000 욘센	5,000 고센
6,000 로쿠센	7,000 나나센	8,694 핫센 롭퍄쿠 큐우주우 용	9,000 큐우센	9,600 큐우센 롭퍄쿠

10,000 이치망	20,000 니망	30,000 삼망	40,000 욤망	50,000 고망
60,000 로쿠망	70,000 나나망	80,000 하치망	83,845 하치망 산젠 합퍄쿠 욘주우고	90,000 큐우망

100,000 주우망	200,000 니주우망	300,000 산주우망	400,000 욘주우망	500,000 고주우망
600,000 로쿠주우망	700,000 나나주우망	800,000 하치주우망	814,600 하치주우이치 망욘센 롭퍄쿠	900,000 큐우주우망

1,000,000 햐쿠망	2,000,000 니햐쿠망	3,000,000 삼뱌쿠망	4,000,000 욘햐쿠망	5,000,000 고햐쿠망
6,000,000 롭퍄쿠망	7,000,000 나나햐쿠망	8,000,000 합퍄쿠망	8,076,900 합퍄쿠 나나만 로쿠센 큐우햐쿠	9,000,000 큐우햐쿠망

13 숫자·때에 관한 표현

수에 관한 표현 2

몇 사람(명)

| 1인 | 2인 | 3인 | 4인 | 5인 |
| 6인 | 7인 | 8인 | 9인 | 10인 |

몇 박

| 1박 | 2박 | 3박 | 4박 | 5박 |
| 6박 | 7박 | 8박 | 9박 | 10박 |

몇 호실

| 1호실 | 2호실 | 3호실 | 4호실 | 5호실 |
| 6호실 | 7호실 | 8호실 | 9호실 | 10호실 |

몇 층

| 1층 | 2층 | 3층 | 4층 | 5층 |
| 6층 | 7층 | 8층 | 9층 | 10층 |

何人 난닝

一人 히토리	二人 후타리	三人 산닝	四人 요닝	五人 고닝
六人 로쿠닝	七人 시치닝	八人 하치닝	九人 큐우닝	十人 주우닝

何泊 난파쿠

一泊 잇파쿠	二泊 니하쿠	三泊 삼파쿠	四泊 용하쿠	五泊 고하쿠
六泊 롯파쿠	七泊 나나하쿠	八泊 핫파쿠	九泊 큐우하쿠	十泊 줏파쿠

何号室 난고오시츠

一号室 이치고오시츠	二号室 니고오시츠	三号室 상고오시츠	四号室 용고오시츠	五号室 고고오시츠
六号室 로쿠고오시츠	七号室 나나고오시츠	八号室 하치고오시츠	九号室 큐우고오시츠	十号室 주우고오시츠

何階 난카이

一階 익카이	二階 니카이	三階 상카이	四階 용카이	五階 고카이
六階 록카이	七階 나나카이	八階 학카이	九階 큐우카이	十階 죽카이

13 숫자・때에 관한 표현

수에 관한 표현 3

몇 개

1개	2개	3개	4개	5개
6개	7개	8개	9개	10개

몇 병 (병 / 자루)

1병	2병	3병	4병	5병
6병	7병	8병	9병	10병

몇 잔

1잔	2잔	3잔	4잔	5잔
6잔	7잔	8잔	9잔	10잔

몇 상자

1상자	2상자	3상자	4상자	5상자
6상자	7상자	8상자	9상자	10상자

何個 난코

一個 잇코	二個 니코	三個 산코	四個 욘코	五個 고코
六個 록코	七個 나나코	八個 학코	九個 큐우코	十個 죽코

何本 난봉

一本 입퐁	二本 니홍	三本 삼봉	四本 용홍	五本 고홍
六本 록퐁	七本 나나홍	八本 합퐁	九本 큐우홍	十本 줍퐁

何杯 남바이

一杯 입파이	二杯 니하이	三杯 삼바이	四杯 용하이	五杯 고하이
六杯 롭파이	七杯 나나하이	八杯 합파이	九杯 큐우하이	十杯 줍파이

何箱 난파코

一箱 잇파코	二箱 니하코	三箱 상파코	四箱 용파코	五箱 고하코
六箱 롯파코	七箱 나나하코	八箱 핫파코	九箱 큐우하코	十箱 줏파코

13 숫자·때에 관한 표현

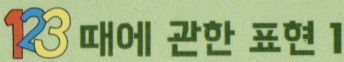 때에 관한 표현 1

몇 월

1월	2월	3월	4월	5월	6월
7월	8월	9월	10월	11월	12월

며칠

1일	2일	3일	4일	5일
6일	7일	8일	9일	10일
11일	12일	13일	14일	15일
16일	17일	18일	19일	20일
21일	22일	23일	24일	25일
26일	27일	28일	29일	30일
31일				

何月 낭가츠

Track-70

1月 이치가츠	2月 니가츠	3月 상가츠	4月 시가츠	5月 고가츠	6月 로쿠가츠
7月 시치가츠	8月 하치가츠	9月 쿠가츠	10月 주우가츠	11月 주우이치가츠	12月 주우니가츠

何日 낭니치

1日 츠이타치	2日 후츠카	3日 믹카	4日 욕카	5日 이츠카
6日 무이카	7日 나노카	8日 요오카	9日 코코노카	10日 토오카
11日 주우이치니치	12日 주우니니치	13日 주우산니치	14日 주우욕카	15日 주우고니치
16日 주우로쿠니치	17日 주우시치니치	18日 주우하치니치	19日 주우쿠니치	20日 하츠카
21日 니주우이치니치	22日 니주우니니치	23日 니주우산니치	24日 니주우욕카	25日 니주우고니치
26日 니주우로쿠니치	27日 니주우시치니치	28日 니주우하치니치	29日 니주우쿠니치	30日 산주우니치
31日 산주우이치니치				

13 숫자·때에 관한 표현

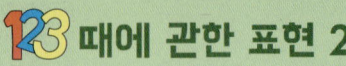
때에 관한 표현 2

몇 시

| 1시 | 2시 | 3시 | 4시 | 5시 | 6시 |
| 7시 | 8시 | 9시 | 10시 | 11시 | 12시 |

몇 분

| 5분 | 10분 | 15분 | 20분 | 25분 | 30분 |
| 35분 | 40분 | 45분 | 50분 | 55분 | 60분 |

무슨 요일

| 월요일 | 화요일 | 수요일 | 목요일 | 금요일 |
| 토요일 | 일요일 |

며칠간

| 2일간 | 3일간 | 4일간 | 5일간 | 6일간 |
| 일주일간 | 이주일간 | 한 달간 |

何時 난지

1時 이치지	2時 니지	3時 산지	4時 요지	5時 고지	6時 로쿠지
7時 시치지	8時 하치지	9時 쿠지	10時 주우지	11時 주우이치지	12時 주우니지

何分 남풍

5分 고훙	10分 줍풍	15分 주우고훙	20分 니줍풍	25分 니주우고훙	30分 산줍풍
35分 산주우고훙	40分 욘줍풍	45分 욘주우고훙	50分 고줍풍	55分 고주우고훙	60分 로쿠줍풍

何曜日 낭요오비

月曜日 게츠요오비	火曜日 카요오비	水曜日 스이요오비	木曜日 모쿠요오비	金曜日 킹요오비
土曜日 도요오비	日曜日 니치요오비			

何日間 낭니치칸

2日間 후츠카캉	3日間 믹카캉	4日間 욕카캉	5日間 이츠카캉	6日間 무이카캉
一週間 잇슈우캉	二週間 니슈우캉	1ヶ月間 익카게츠캉		

부록

- 일본 여행 필수 단어 500 (가나다 순)
- 일본어 문자 익히기

일본 여행 필수 단어 500

ㄱ

가게	店 (みせ)	미세
가격	価格 (かかく)	카카쿠
가득	満タン (まん)	만탕
가슴	胸 (むね)	무네
가족	家族 (かぞく)	카조쿠
간호사	看護師 (かんごし)	캉고시
감기약	風邪薬 (かぜぐすり)	카제구스리
감사	感謝 (かんしゃ)	칸샤
강도	強盗 (ごうとう)	고오토오
같다	同じ (おなじ)	오나지
개	犬 (いぬ)	이누
개찰구	改札口 (かいさつぐち)	카이사츠구치
거스름돈	お釣り (つ)	오츠리
건물	建物 (たてもの)	타테모노
건전지	電池 (でんち)	덴치
결혼	結婚 (けっこん)	켁콘
경영학	経営学 (けいえいがく)	케에에에가쿠
경제학	経済学 (けいざいがく)	케에자이가쿠

경찰관	警官(けいかん)	케에캉
경찰서	警察署(けいさつしょ)	케에사츠쇼
경치	景色(けしき)	케시키
계산	お勘定(かんじょう)	오칸죠
고등학생	高校生(こうこうせい)	코오코오세에
고속도로	高速道路(こうそくどうろ)	코오소쿠도오로
고양이	猫(ねこ)	네코
고장	故障(こしょう)	코쇼오
고추	唐辛子(とうがらし)	토오가라시
곧장	真っ直ぐ(まっすぐ)	맛스구
골프장	ゴルフ場(じょう)	고루후죠오
공무원	公務員(こうむいん)	코오무인
공부	勉強(べんきょう)	벵쿄오
공항	空港(くうこう)	쿠우코오
과일	果物(くだもの)	쿠다모노
과자	お菓子(かし)	오카시
관광	観光(かんこう)	캉코오
관광명소	観光名所(かんこうめいしょ)	캉코오메에쇼

일본 여행 필수 단어 500

관광안내소	観光案内所 (かんこうあんないじょ)	캉코오안나이죠
괜찮다	大丈夫 (だいじょうぶ)	다이죠오부
괜찮다	宜しい (よろしい)	요로시이
교사	教師 (きょうし)	쿄오시
교통사고	交通事故 (こうつうじこ)	코오츠으지코
교환	交換 (こうかん)	코오캉
구경	見物 (けんぶつ)	켄부츠
구급차	救急車 (きゅうきゅうしゃ)	큐우큐우샤
국제면허증	国際免許証 (こくさいめんきょしょう)	콕사이멩쿄쇼오
군대	軍隊 (ぐんたい)	군타이
귀	耳 (みみ)	미미
귀엽다	可愛い (かわいい)	카와이이
귀중품	貴重品 (きちょうひん)	키쵸오힝
그림	絵 (え)	에
급행	急行 (きゅうこう)	큐우코오
기름지다	脂っこい (あぶらっこい)	아부락코이
기분	気分 (きぶん)	키붕
기침	咳 (せき)	세키
기침약	咳止め (せきどめ)	세키도메

기회	機会 (きかい)	키카이
길	道 (みち)	미치
김	のり	노리
깨끗함	きれい	키레이
꿈	夢 (ゆめ)	유메

ㄴ

Track-73

나	私 (わたし)	와타시
나쁘다	悪い (わる い)	와루이
낚시	釣り (つ り)	츠리
날씨	天気 (てんき)	텡끼
날짜	日にち (ひ にち)	히니치
날치기	引ったくり (ひ ったくり)	힛타쿠리
남동생	弟 (おとうと)	오토우토
남성	男性 (だんせい)	당세에
남자친구	彼氏 (かれ し)	카레시
남편	夫 (おっと)	옷토
낮	昼 (ひる)	히루
내성적	内気 (うちき)	우치키

일본 여행 필수 단어 500

내일	明日(あした)	아시타
노래	歌(うた)	우타
노래방	カラオケ	카라오케
노인	お年(とし)より	오토시요리
녹차	緑茶(りょくちゃ)	료쿠챠
놀이기구	乗(の)り物(もの)	노리모노
눈	目(め)	메

ㄷ

Track-74

달다	甘(あま)い	아마이
닭	鶏(にわとり)	니와토리
담배	タバコ	타바코
담요	毛布(もうふ)	모오후
당구	ビリヤード	비리야아도
대단하다	すごい	스고이
대사관	大使館(たいしかん)	타이시칸
대학생	大学生(だいがくせい)	다이가쿠세에
대학원생	大学院生(だいがくいんせい)	다이가쿠인세에
더블룸	ダブル	다브루

더운 물	お湯	오유
더치페이	割り勘	와리캉
덥다	暑い	아츠이
도둑	泥棒	도로보오
도로지도	道路地図	도오로치즈
도움	お手伝い	오테츠다이
도착	到着	토오챠쿠
독서	読書	도쿠쇼
독신	独身	도쿠신
두통	頭痛	즈츠오
두통약	頭痛薬	즈츠오야쿠
드라마	ドラマ	도라마
등	背中	세나카
등산	山登り	야마노보리
따뜻하다	暖かい	아타타카이
딸	娘	무스메

ㄹ

Track-75

라면	ラーメン	라아멘

 일본 여행 필수 단어 500

레스토랑	レストラン	레스토랑
룸서비스	ルームサービス	루우무사아비스

Track-76

만남	出会い	데아이
만석	満席	만세키
만화	漫画	망가
말(동물)	馬	우마
맛	味	아지
맛없다	まずい	마즈이
맛이 쓰다	苦い	니가이
맛있다	おいしい	오이시이
매진	売り切れ	우리키레
매표소	切符売り場	킷푸우리바
맥주	ビール	비이루
맵다	辛い	카라이
머리	頭	아타마
멋있다	かっこいい	칵코이이
멋지다	素敵	스테키

메뉴	メニュー	메뉴우
메밀국수	そば	소바
메밀국수 가게	そば屋	소바야
메시지	メッセージ	멧세에지
메일 주소	メールアドレス	메에루아도레스
면도기	剃刀	카미소리
면세	免税	멘제에
면세점	免税店	멘제에텡
명함	名刺	메에시
몇 년생	何年生	난넹세에
몇 명	何人	난닝
몇 시	何時	난지
모닝콜	モーニングコール	모오닝코오루
목	首	쿠비
목구멍	喉	노도
목적지	目的地	모쿠테키치
몸	体	카라다
몸상태	具合い	구아이

일본 여행 필수 단어 500

문	ドア	도아
문화	文化 (ぶんか)	붕카
물	お水 (みず)	오미즈
물론	もちろん	모치롱
미용실	美容室 (びようしつ)	비요오시츠
민박	民宿 (みんしゅく)	민슈쿠

Track-77

바다	海 (うみ)	우미
바람	風 (かぜ)	카제
바지	ズボン	즈봉
박물관	博物館 (はくぶつかん)	하쿠부츠캉
반드시	必ず (かなら)	카나라즈
발밑	足下 (あしもと)	아시모토
밝다	明るい (あか)	아카루이
밤	夜 (よる)	요루
밥	ご飯 (はん)	고항
방	部屋 (へや)	헤야
방문	訪問 (ほうもん)	호오몽

방향	方向	호오코오
배	お腹	오나카
배 (과일)	梨	나시
배달	配達	하이타츠
백화점	デパート	데파아토
버스	バス	바스
버스정류장	バス乗り場	바스노리바
버스터미널	バスターミナル	바스타아미나루
법학	法学	호오가쿠
베개	枕	마쿠라
벼락	雷	카미나리
변경	変更	헹코오
병	病気	뵤오키
병원	病院	뵤오인
보루(담배)	カートン	카아통
보석	宝石	호오세키
복사	コピー	코피이
복통	腹痛	후쿠츠으

일본 여행 필수 단어 500

부상	怪我 （けが）	케가
부엌	台所 （だいどころ）	다이도코로
부탁	頼み （たのみ）	타노미
분실	紛失 （ふんしつ）	훈시츠
분실물센터	紛失物係 （ふんしつものがかり）	훈시츠모노가카리
분위기	雰囲気 （ふんいき）	훙이키
불교	仏教 （ぶっきょう）	북쿄오
비	雨 （あめ）	아메
비누	せっけん	섹켄
비상구	非常口 （ひじょうぐち）	히죠오구치
비싸다	高い （たかい）	타카이
비즈니스	ビジネス	비지네스
빈 방	空いた部屋 （あいたへや）	아이타헤야
빨대	ストロー	스토로오
빵	パン	팡

ㅅ

Track-78

사진	写真 （しゃしん）	샤싱
(맛이) 시다	酸っぱい （すっぱい）	슷파이

(맛이) 싱겁다	薄い	우스이
산	山	야마
상가	商店街	쇼오텡가이
상사	上司	죠오시
상의	上着	우와기
상품	食品	쇼쿠힝
새	鳥	토리
생선	魚	사카나
생선회	刺身	사시미
생일	誕生日	탄죠오비
서로	お互い	오타가이
서비스	サービス	사아비스
서양요리	洋食	요오쇼쿠
서점	書店	쇼텡
서투르다	下手	헤타
선물	お土産	오미야게
선물	贈り物	오쿠리모노
선배	先輩	센빠이
선수	選手	센슈

일본 여행 필수 단어 500

선풍기	扇風機(せんぷうき)	센푸우키
설거지	後片付け(あとかたづけ)	아토카타즈케
설명	説明(せつめい)	세츠메에
설사	下痢(げり)	게리
성격	性格(せいかく)	세에카쿠
성함	お名前(なまえ)	오나마에
세관	税関(ぜいかん)	제에칸
세금	税金(ぜいきん)	제에킹
소	牛(うし)	우시
소개	紹介(しょうかい)	쇼오카이
소금	塩(しお)	시오
소방서	消防署(しょうぼうしょ)	쇼오보오쇼
소주	焼酎(しょうちゅう)	쇼오추우
소중히	大切に(たいせつに)	타이세츠니
소포	小包(こづつみ)	코즈츠미
속옷	下着(したぎ)	시타기
손	手(て)	테
손님	お客(きゃく)さん	오캬쿠상
손목시계	腕時計(うでどけい)	우데도케에

손수건	ハンカチ	항카치
손자/손녀	孫	마고
송별회	送別会	소오베츠카이
쇼핑	買い物	카이모노
쇼핑백	手提げ袋	테사게부쿠로
수건	タオル	타오루
수영	水泳	스이에이
수영복	水着	미즈기
수족관	水族館	스이조쿠캉
술	お酒	오사케
스타일	スタイル	스타이루
스포츠	スポーツ	스포오츠
승낙	承知	쇼오치
승마	乗馬	죠오바
승차장	乗り場	노리바
시각표	時刻表	지코쿠효오
시간	時間	지캉
시설	施設	시세츠

일본 여행 필수 단어 500

시원하다	涼しい	스즈시이
시장	市場	이치바
시합	試合	시아이
식당	食堂	쇼쿠도오
식물원	植物園	쇼쿠부츠엥
식사	食事	쇼쿠지
식중독	食あたり	쇼쿠아타리
신문	新聞	심붕
신발	靴	쿠츠
실내	屋内	오쿠나이
실례	失礼	시츠레에
실외	屋外	오쿠가이
싱글룸	シングル	싱구루
싸다	安い	야스이
쌀	米	코메

Track-79

아들	息子	무스코
아버지	お父さん	오토오상

아빠	父（ちち）	치치
아직	まだ	마다
아침	朝（あさ）	아사
아침식사	朝御飯（あさごはん）	아사고항
아침식사 포함	朝食付き（ちょうしょくつき）	쵸오쇼쿠츠키
안경	眼鏡（めがね）	메가네
안내	案内（あんない）	안나이
안약	目薬（めぐすり）	메구스리
안주	御摘まみ（おつまみ）	오츠마미
애인	恋人（こいびと）	코이비토
애창곡	十八番（じゅうはちばん）	쥬우하치방
야구	野球（やきゅう）	야큐우
야구선수	野球選手（やきゅうせんしゅ）	야큐우센슈
약	薬（くすり）	쿠스리
약국	薬局（やっきょく）	약쿄쿠
얌전하다	優しい（やさしい）	야사시이
양념	薬味（やくみ）	야쿠미
양말	靴下（くつした）	쿠츠시타

일본 여행 필수 단어 500

어깨	肩(かた)	카타
어느 것	どれ	도레
어느 분	どの方(かた)	도노카타
어른	大人(おとな)	오토나
어린 시절	幼(おさな)い頃(ころ)	오사나이코로
어린이	子供(こども)	코도모
어머니	お母(かあ)さん	오카아상
어제	昨日(きのう)	키노오
얼마	いくら	이쿠라
얼음	氷(こおり)	코오리
엄마	母(はは)	하하
업무	仕事(しごと)	시고토
에스컬레이터	エスカレーター	에스카레에타아
에어컨	エアコン	에아콘
엘리베이터	エレベーター	에리베에타아
여관	旅館(りょかん)	료캉
여권	パスポート	파스포오토
여동생	妹(いもうと)	이모오토

여러분	皆様 (みなさま)	미나사마
여성	女性 (じょせい)	죠세에
여자친구	彼女 (かのじょ)	카노죠
여행	旅行 (りょこう)	료코오
역	駅 (えき)	에키
연락처	連絡先 (れんらくさき)	렌라쿠사키
연상	年上 (としうえ)	토시우에
연애	恋愛 (れんあい)	렝아이
연하	年下 (としした)	토시시타
열	熱 (ねつ)	네츠
열쇠	鍵 (かぎ)	카기
열심히	一生懸命 (いっしょうけんめい)	잇쇼켄메에
영사관	領事館 (りょうじかん)	료오지캉
영수증	領収書 (りょうしゅうしょ)	료오슈우쇼
영어	英語 (えいご)	에에고
영화관	映画館 (えいがかん)	에에가캉
예쁘다	美しい (うつくしい)	우츠쿠시이
예약	予約 (よやく)	요야쿠

일본 여행 필수 단어 500

예약번호	予約番号 (よやくばんごう)	요야쿠방고오
예정	予定 (よてい)	요테이
옛날	昔 (むかし)	무카시
오늘	今日 (きょう)	쿄오
오른손	右手 (みぎて)	미기테
오른쪽	右 (みぎ)	미기
오른팔	右腕 (みぎうで)	미기우데
오전(교통)편	午前の便 (ごぜんびん)	고젠노빙
오후(교통)편	午後の便 (ごごびん)	고고노빙
옥수수	とうもろこし	토오모로코시
온천	温泉 (おんせん)	온센
옷	服 (ふく)	후쿠
왕복	往復 (おうふく)	오오후쿠
외국인	外国人 (がいこくじん)	가이코쿠징
왼손	左手 (ひだりて)	히다리테
왼쪽	左 (ひだり)	히다리
왼팔	左腕 (ひだりうで)	히다리우데
요금	料金 (りょうきん)	료오킹
요리	料理 (りょうり)	료오리

욕실	風呂場 (ふろば)	후로바
우산	傘 (かさ)	카사
우유	ミルク	미루쿠
우체국	郵便局 (ゆうびんきょく)	유우빙쿄쿠
우측	右側 (みぎがわ)	미기가와
위장약	胃腸薬 (いちょうやく)	이쵸오야쿠
위치	位置 (いち)	이치
유적	遺跡 (いせき)	이세키
유행	流行 (りゅうこう)	류우코오
육고기	肉 (にく)	니쿠
은행	銀行 (ぎんこう)	깅코오
음식	食べ物 (たべもの)	타베모노
음악	音楽 (おんがく)	옹가쿠
응급처치	応急処置 (おうきゅうしょち)	오오큐우쇼치
응원	応援 (おうえん)	오오엔
의사	医者 (いしゃ)	이샤
의학	医学 (いがく)	이가쿠
이름	名前 (なまえ)	나마에

일본 여행 필수 단어 500

일본 여행 필수 단어 500

이성교제	異性交遊	이세에코오유우
인기	人気	닝키
인사	挨拶	아이사츠
일박	一泊	잇파쿠
일본	日本	니홍
일본어	日本語	니홍고
일본요리	日本料理	니홍료오리
일본정종	日本酒	니혼슈
일인분	一人前	이치닝마에
입	口	쿠치
입구	入口	이리구치
입국카드	入国カード	뉴우코쿠카아도
입원	入院	뉴우인
입장권	入場券	뉴우죠오켕
입장료	入場料	뉴우죠오료오

ㅈ

Track-80

| 자동차 | 車 | 쿠루마 |
| 자매 | 姉妹 | 시마이 |

자유석	自由席 じゆうせき	지유우세키
작품	作品 さくひん	사쿠힝
잘못	間違い まちがい	마치가이
잘한다	上手 じょうず	죠오즈
잡지	雑誌 ざっし	잣시
장난감	おもちゃ	오모차
장남	長男 ちょうなん	초오난
장녀	長女 ちょうじょ	초오죠
장래	将来 しょうらい	쇼오라이
장소	場所 ばしょ	바쇼
재떨이	灰皿 はいざら	하이자라
재채기	くしゃみ	쿠샤미
저녁	夕食 ゆうしょく	유우쇼쿠
전공	専攻 せんこう	센코오
전시	展示 てんじ	텐지
전통예능	伝統芸能 でんとうげいのう	덴토오 게에노오
전통요리	伝統料理 でんとうりょうり	덴토오 료오리
전화	電話 でんわ	뎅와

일본 여행 필수 단어 500

절 (사찰)	お寺	오테라
점심	お昼	오히루
점원	店員	텡인
접시	皿	사라
정류장	停留場	테이류우죠오
정말로	本当に	혼토오니
정상	頂上	쵸오죠오
제일	一番	이치방
조각	彫刻	초오코쿠
조금	少し	스코시
조미료	調味料	초오미료오
조부	祖父	소후
좋다	いい	이이
좋아하다	好き	스키
좌석번호	座席番号	자세키방고오
좌측	左側	히다리가와
주말	週末	슈우마츠
주문	注文	츄우몽

주부	主婦	슈후
주소	住所	쥬우쇼
준비	準備	준비
중국어	中国語	추우고쿠고
중앙좌석	中央座席	츄우오오자세키
중학생	中学生	추우가쿠세에
쥬스	ジュース	쥬우스
지갑	財布	사이후
지도	地図	치즈
지불	支払い	시하라이
지정석	指定席	시테에세키
지하철	地下鉄	치카테츠
직업	職業	쇼쿠교오
직장	職場	쇼쿠바
진심으로	心から	코코로카라
진찰	診察	신사츠
진하다	濃い	코이
짐	荷物	니모츠

일본 여행 필수 단어 500

집	家 (いえ)	이에
집들이	引っ越し祝 (ひっこしいわい)	힛코시이와이

ㅊ

Track-81

차남	次男 (じなん)	지난
차녀	次女 (じじょ)	지죠
책임	責任 (せきにん)	세키닝
천천히	ゆっくり	육쿠리
철도	鉄道 (てつどう)	테츠도오
청바지	ブルージーンズ	브루우지인즈
체크아웃	チェックアウト	첵쿠아우토
체크인	チェックイン	첵쿠인
초등학생	小学生 (しょうがくせい)	쇼오가쿠세에
촬영	撮影 (さつえい)	사츠에에
촬영금지	撮影禁止 (さつえいきんし)	사츠에에킨시
추억	思い出 (おもいで)	오모이데
축구선수	サッカー選手 (せんしゅ)	삿카아센슈
축하	お祝い (いわい)	오이와이
출구	出口 (でぐち)	데구치

출근	出勤	슛킨
출발	出発	슛파츠
춤	踊り	오도리
춥다	寒い	사무이
취미	趣味	슈미
취소	取り消し	토리케시
치마	スカート	사카아토
치아	歯	하
치약	歯磨き	하미가키
치통	歯痛	하이타
친구	友達	토모다치
친절	親切	신세츠
친하다	親しい	시타시이
칫솔	歯ブラシ	하부라시

ㅋ

Track-82

카다로그	カタログ	카다로구
카드	カード	카아도
커피	コーヒー	코오히이

일본 여행 필수 단어 500

커피숍	コーヒーショップ	코오히이숍푸
컵	コップ	콥푸
케이블카	ロープウェー	로오푸웨에
케이크	ケーキ	케에키
코	鼻(はな)	하나

ㅌ
Track-83

탑승권	搭乗券(とうじょうけん)	토오죠오켄
택시	タクシー	타쿠시이
텔레비전	テレビ	텔레비
통로 쪽 좌석	通路側 座席(つうろがわ ざせき)	츠으로가와 자세키
통역	通訳(つうやく)	츠으야쿠
퇴원	退院(たいいん)	타이인
트윈룸	ツイン	츠인
티셔츠	Tシャツ	티샤츠

ㅍ
Track-84

파출소	交番(こうばん)	코오방
팔	腕(うで)	우데

팩스	ファックス	확쿠스
편도	片道(かたみち)	카타미치
편지	手紙(てがみ)	테가미
폐관	閉館(へいかん)	헤에캉
포장	包装(ほうそう)	호오소오
폭포	滝(たき)	타키
표	切符(きっぷ)	킷푸
풀장	プール	푸우루
프런트	フロント	후론토
필요	必要(ひつよう)	히츠요오

ㅎ

Track-85

~ 행	行き(ゆ)	유키
학생	学生(がくせい)	가쿠세에
한 잔	一杯(いっぱい)	잇파이
한가한 시간	暇(ひま)	히마
한국	韓国(かんこく)	캉코쿠
한국어	韓国語(かんこくご)	캉코쿠고
한국요리	韓国料理(かんこくりょうり)	캉코쿠료오리

일본 여행 필수 단어 500

한자	漢字	칸지
할아버지	お祖父さん	오지이상
함께	一緒に	잇쇼니
합격	合格	고오카쿠
항공권	航空券	코오쿠우켕
해안	海岸	카이간
핸드백	ハンドバック	한도박쿠
향	香り	카오리
향수	香水	코오스이
현금	現金	겡킹
형제	兄弟	쿄요다이
호수	湖	미즈우미
호텔	ホテル	호테루
홍차	紅茶	코오챠
화장실	トイレ	토이레
화장품	化粧品	케쇼오힝
확인	確認	카쿠닝
환승	乗り換え	노리카에

환영	歓迎 (かんげい)	칸게에
환율	為替レート (かわせ)	카와세레에토
환전	両替 (りょうがえ)	료오가에
활발	活発 (かっぱつ)	캇파츠
회사	会社 (かいしゃ)	카이샤
회사원	会社員 (かいしゃいん)	카이샤잉
회화	会話 (かいわ)	카이와
후배	後輩 (こうはい)	코오하이
훌륭하다	素晴らしい (すば)	스바라시이
히터	ヒーター	히이타아

일본어 문자 익히기

ひらがな 히라가나　　　　　　　　　　　　Track-86

あ	い	う	え	お
아	이	우	에	오
か　が	き　ぎ	く　ぐ	け　げ	こ　ご
카　가	키　기	쿠　구	케　게	코　고
さ　ざ	し　じ	す　ず	せ　ぜ	そ　ぞ
사　자	시　지	스　즈	세　제	소　조
た　だ	ち　ぢ	つ　づ	て　で	と　ど
타　다	치　지	츠　즈	테　데	토　도
な	に	ぬ	ね	の
나	니	누	네	노
は　ば　ぱ	ひ　び　ぴ	ふ　ぶ　ぷ	へ　べ　ぺ	ほ　ぼ　ぽ
하　바　파	히　비　피	후　부　푸	헤　베　페	호　보　포
ま	み	む	め	も
마	미	무	메	모
や		ゆ		よ
야		유		요
ら	り	る	れ	ろ
라	리	루	레	로
わ		を		ん
와		오		응

カタカナ 가타카나

Track-87

ア	イ	ウ	エ	オ
아	이	우	에	오
カ ガ	キ ギ	ク グ	ケ ゲ	コ ゴ
카 가	키 기	쿠 구	케 게	코 고
サ ザ	シ ジ	ス ズ	セ ゼ	ソ ゾ
사 자	시 지	스 즈	세 제	소 조
タ ダ	チ ヂ	ツ ヅ	テ デ	ト ド
타 다	치 지	츠 즈	테 데	토 도
ナ	ニ	ヌ	ネ	ノ
나	니	누	네	노
ハ バ パ	ヒ ビ ピ	フ ブ プ	ヘ ベ ペ	ホ ボ ポ
하 바 파	히 비 피	후 부 푸	헤 베 페	호 보 포
マ	ミ	ム	メ	モ
마	미	무	메	모
ヤ		ユ		ヨ
야		유		요
ラ	リ	ル	レ	ロ
라	리	루	레	로
ワ		ヲ		ン
와		오		응

저자 소개

부백

서울대학교 영어영문학과 졸업
한국외국어대학교 일본어과대학원 졸업
고려대학교 비교문학 박사

(현) 경희대학교 문화관광콘텐츠학과 정교수
(현) 경희대학교 국제교육원 겸임 정교수
(현) 일본 국제관광진흥기구(JNTO) 자문
(현) 일본관광청 VJC 위원회 위원
(현) 한일교류한마당 실행위원회 위원
(현) 사단법인 동아시아문화교류협회 고문
(현) 한국 일본학회 상임이사
(현) 시사일본어사 명예이사
(전) 한국 일본문화학회 이사
(전) 한일교류한마당 운영위원회 고문
(전) 한국 문화관광체육부 정책자문위원
(전) 한국 해외문화홍보원 자문

장한별

경희대학교 문화관광콘텐츠학과, 지리학과 졸업
경희대학교 일반대학원 지리학과 석사과정 재학

필요할 때 통하는 여행 일본어

초판발행	2017년 4월 14일
1판 2쇄	2017년 8월 31일
저자	부백, 장한별
펴낸이	엄태상
책임편집	오은정, 조혜연, 조은형, 신명숙, 진현진
디자인	이건화
일러스트	정소연
마케팅	이상호, 오원택, 이승욱, 전한나, 왕성석
온라인 마케팅	김마선, 심유미, 유근혜
펴낸곳	(주)시사일본어사
주소	서울시 종로구 자하문로 300 시사빌딩
주문 및 교재 문의	1588-1582
팩스	(02)3671-0500
홈페이지	www.sisabooks.com
이메일	sisa_book@naver.com
등록일자	1977년 12월 24일
등록번호	제300 - 1977 - 31호

ISBN 978-89-402-9202-0 13730

* 이 교재의 내용을 사전 허가없이 전재하거나 복제할 경우 법적인 제재를 받게 됨을 알려 드립니다.
* 잘못된 책은 구입하신 서점에서 교환해 드립니다.
* 정가는 표지에 표시되어 있습니다.